MW00470087

AVES
de la
PATAGONIA

T. NAROSKY - M. BABARSKAS
dibujos DARÍO YZURIETA

AVES
de la
PATAGONIA

GUÍA PARA SU RECONOCIMIENTO

VÁZQUEZ MAZZINI EDITORES

ZAGIER & URRUTY
PUBLICATIONS

P.O. BOX 94 SUCURSAL 19 – C1419ZAA BUENOS AIRES – ☎ (11) 4572-1050 – FAX (11) 4572-5766
www.patagoniashop.net – zagier@ciudad.com.ar

Esta obra contó con la colaboración especial de **Jorge Omar Veiga**

Dirección Editorial: *José Luis Vázquez*

Ilustraciones de topografías y géneros: *Eduardo Saibene*
Juan Claver
Gabriel Peralta

Diseño: Fernando Vázquez Mazzini
Cristina Zavatarelli

© **VAZQUEZ MAZZINI EDITORES, Argentina**
Charcas 3371 2° "A" (C1425BMQ) - Ciudad de Buenos Aires - Argentina
Tel.: (54-11) 4827-2409 Tel./Fax: (54-11) 4829-2042 - e-mail: vmeditores@infovia.com.ar

La presente publicación se ajusta a la carta oficial establecida por el P.E.N. a través de del I.G.M. ley 22963 y fue aprobada por exp. GG0 2663/5

IMPRESO EN ARGENTINA

Reservados los derechos para todos los países. Ninguna parte de esta publicación, incluido el diseño de la cubierta puede ser reproducida, almacenada, o transmitida de ninguna forma, ni por ningún medio, sea éste electrónico, químico, mecánico, electro-óptico, grabación, fotocopia o cualquier otra, sin la previa autorización escrita por parte de la editorial.

ISBN 987-9132-02-5

Aves de la Patagonia - Guía para su reconocimiento.
Narosky T. y M. Babarskas, 2000.
Vázquez Mazzini Editores. Buenos Aires. 128 pág.

Agradecimiento

Son escasos los especialistas en aves patagónicas. A la mayoría de ellos hemos acudido en procura de aportes para complementar nuestra información.

Un sincero reconocimiento para Aníbal Casas, que no dudó en ofrecernos datos, algunos inéditos, surgidos de su vasta experiencia. Y del mismo modo a Pablo Acerbo y a Cristian Pérez.

A Eduardo Haene, que con su proverbial generosidad y saber, escribió el capítulo referente a las áreas naturales.

A Andrés Bosso, quien con esos toques de ingenio que le son habituales, propuso ideas que fueron utilizadas en la obra.

A José Luis Vázquez y su valioso equipo, que mostraron una vez más, su singular manejo del arte gráfico, a veces enfrentando dificultades que desalentarían a otros.

A José Leiberman quien, como siempre, estuvo presente en el esfuerzo editorial, aportando su voluntad, saber y generosidad a la resolución de las dificultades, inevitables en este tipo de tareas.

A Ricardo Delgado, que colaboró con los autores en diversas tareas relacionadas con la corrección y transcripción de textos.

Y la última pero la más reconocida frase para la generosidad de Jorge Veiga quien, con una voluntad inclaudicable y una entrega sin límites, reemplazó, en la etapa final, la dolorosa ausencia de nuestro común amigo Marcos Babarskas.

Dos palabras de estupefacción. Marcos Babarskas, todavía adolescente, comenzó a frecuentar mi gabinete de estudio con el entusiasmo, la bonhomía y la seriedad (pese a su carácter alegre), que iluminaron su corta pero fructífera carrera de ornitólogo. Muchos años colaborando conmigo en diferentes emprendimientos, aportaron disciplina a la fuerza de su pasión. Luego coronó con éxito sus estudios universitarios. La vida le sonreía floreciente, ya afincado, junto a un equipo de jóvenes y brillantes colegas, en la Administración de Parques Nacionales. Además de otros proyectos, personales y profesionales, lideraba un importante trabajo de conjunto sobre la avifauna de Neuquén. Sugerir al especialista, amigo cercano, la coautoría de este emprendimiento patagónico, era la elección lógica. Ninguna nube se cruzó en nuestro camino. Largas jornadas de trabajo y de rutina, pero también festivos y entusiastas, fueron jalonando el resultado que ofrecemos. Los dibujos del entrañable Darío Yzurieta, nos acompañaron, en representación de este gran naturalista y plástico desaparecido. Ya en la culminación de la labor y cuando ninguna circunstancia podría hacerlo presagiar, Marcos, el joven de 26 años y la sonrisa permanente, decidió dejar entre nosotros un hueco que no podremos cubrir jamás. Pero que, junto a Jorge Veiga intentamos completar en su homenaje.

Tito Narosky

A la memoria de Marcos Babarskas,
primero discípulo, luego leal compañero y amigo,
quien caminando los pedregosos senderos de la Patagonia,
no pudo encontrar el camino de regreso.

Indice de Materias

Prólogo

"No había un solo árbol y, excepto un guanaco montando guardia en la cima de la colina, no vi otro animal. Ni siquiera aves. Todo era desolado y silencioso. Pese a no hallar objeto que llamase la atención, uno se siente invadido por un fuerte sentimiento de placer. El viajero no puede menos que preguntarse cuánto hace que esa llanura debe estar mostrando el mismo aspecto y durante cuántos años seguirá siendo igual. Nadie puede darle respuesta; todo parece eterno, el mundo silvestre tiene una voz que despierta dudas en el corazón"

CHARLES DARWIN: "Viajes de un naturalista por la Patagonia"

"Cada vez que he visitado el oeste de la Patagonia me he dicho que, convertida en propiedad pública inalienable, llegaría a ser pronto centro de grandes actividades intelectuales y sociales y, por lo tanto, excelente instrumento del progreso humano.

Los fenómenos físico-naturales que allí se observan, empiezan a atraer a los estudiosos, que se entregarán a sus investigaciones entre maravillosos escenarios de lagos y torrentes, selvas gigantes, montañas abruptas y el hielo eterno..."

PERITO FRANCISCO P. MORENO: "Reminiscencias"

" ¡Por fin la Patagonia! ¡Con cuanta frecuencia la configuró mi imaginación, anhelando visitar ese páramo que yacía distante, en su paz primitiva y desolada, no hollada por el hombre, y extraña a la civilización. Ahí estaba, extendiéndose ante mi mirada, el desierto impoluto, antiguo hábitat de los gigantes, cuyas huellas, vistas en las arenas de las playas, sorprendieron a los hombres de Magallanes. Del asombro ante esos enormes pies surgió el nombre de Patagonia. También allí, hacia el interior, se hallaba Trapalanda y el lago custodiado por un espíritu, en cuyas márgenes se levantan los almenados muros de aquella misteriosa ciudad, que tantos han buscado y a la que nadie llegó. Pero no fue la fascinación por esas viejas leyendas, ni el magnetismo del desierto, sino la pasión de ornitólogo la que me condujo a ella".

"Antes de que la nieve hubiera cesado de caer, con el cielo azul sonriendo de nuevo, me encaminé por el barroso sendero a casa. Bajo el brillo del sol, el blanco manto comenzó a mostrar surcos anchos y negros, y a poco la tierra había recuperado su apariencia habitual: el alegre gris verdoso azulado que es, en toda época, el uniforme de la naturaleza en el norte patagónico. Al mismo tiempo, desde los arbustos espinosos, los pájaros volvían a sus cantos.

Si las aves no superan aquí a las de otros lares por la dulzura de sus voces, ni por su compás y variaciones, es por su constancia, sin duda, que se ganan el premio. En primavera esas notas son incesantes; es un coro conducido por una incomparable cantante, la Calandria Real, que llega con el estío. Aún en los meses más fríos del invierno, cuando el sol brilla, los graves arrullos de la Paloma Manchada, tan llenos de tristeza, y los más suaves suspiros o lamentos de la Torcaza, contienen un dejo silvestre que nos llega desde los sauces deshojados que bordean el río. Mientras, entre las frondosas mesetas, se escucha el fraseo de los pájaros, y en especial el del Cabecitanegra Austral. La Loica Patagónica, canta en los días más fríos, cuando el tiempo es desapacible. Asimismo, ni las jornadas más lluviosas pueden desafiar a las Diucas, cuyo canto, brindado individualmente, es un verdadero concierto. La Calandria Grande es más infatigable aún y guareciéndose de las frías ráfagas, continúa hasta más allá del anochecer, emitiendo los melódicos trozos de un interminable repertorio. Su canto parece serle tan necesario como el alimento y el aire.

Días tibios y hermosos suceden a una nevada. Al levantarme, cada mañana, podría exclamar con el poeta: ¡Oh, don de Dios! ¡Oh, día perfecto! Nadie debería trabajar, sólo gozar."

WILLIAM HENRY HUDSON: *"Días de ocio en la Patagonia"*

INTRODUCCION

Una guía para el reconocimiento de las aves que pueblan una región es, sobretodo, una herramienta. Considérela así. A la guía, como a usted, le gusta viajar, recorrer, humedecerse con la llovizna y quemarse al sol estival. En su mochila o en el bolsillo de la campera, pronta a resolver la incógnita, esperará que su mano –la mano de su amigo– la saque del enclaustramiento.

Me gusta ver esas guías ajadas, escritas, experimentadas, que muestran lo estrecho del vínculo libro-observador. No olvide esta premisa. Cuide este libro pero no al punto de dejarlo en la biblioteca durmiendo el sueño de los justos. El se lo agradecerá y, seguramente, la ornitología también.

La Patagonia posee, para los naturalistas, un atractivo mágico. No es por la presencia constante de las aves ni por su exuberancia cromática, es por el misterio del posible descubrimiento en áreas poco prospectadas. El viento y el frío –el clima desapacible– son condimentos para un desafío mayor. La contrapartida es la escasez de investigadores, de observadores, de registros. Si usted ha dejado de ser principiante, sus hallazgos, seguramente serán novedosos para la ciencia. Pero si aún lo es, lo que descubra será permanentemente nuevo para su personal saber. La Patagonia extraña, semivirgen, con aves cuyas características están lejos de ser bien conocidas, nos espera para develarnos, confidencialmente, algunos de sus secretos. Este libro procurará ayudarlo. Pero no olvide que nosotros, veteranos observadores, no somos más que eso. Muchos baches de conocimiento los hemos resuelto por intuición, pero están esperando el aporte de nuevos investigadores para ser corroborados. Y si hemos elegido la Patagonia, como pionera entre las guías regionales que estamos preparando, no es por el número de aficionados ávidos que esperan su aparición, sino todo lo contrario. Es porque deseamos procurar la herramienta para que esta pléyade exista.

En el año 1987 hicimos, con Darío Yzurieta, una guía para el reconocimiento de las aves de Argentina y Uruguay. Probamos allí ideas que, 13 ediciones en castellano e inglés y más de 30.000 ejemplares vendidos, demuestran su acierto. También, durante el tiempo transcurrido, hemos pensado modificaciones y recibido críticas y sugerencias, que no han caído en saco roto. La guía de la Patagonia es un desprendimiento de aquella, como lo observará a primera vista cualquiera que conozca ambas.

Yzurieta, el notable naturalista y dibujante de aves, intuitivo y genial, ya no está entre nosotros; pero sus pinturas sí. Y a ellas hemos recurrido, con modificaciones menores, pues conservan la frescura de siempre. Las adaptaciones han sido necesarias cuando las razas geográficas ilustradas, no se correspondían con las de la Patagonia.

Los textos han sido íntegramente modificados. Se han considerado los de la obra sobre Argentina y Uruguay, claro está, pero se los ha alivianado de tecnicismos, teniendo en cuenta que las especies tratadas no alcanzan a un tercio de aquellas y que, por eso, resulta más sencilla la comparación. O sea que la herramienta será, en definitiva, más fácil de manejar. También las descripciones, ya sea de colorido como de comportamiento y distribución, han exigido modificaciones y adaptaciones. La experiencia de campo de Marcos Babarskas, ha sido muy importante a este respecto. Siendo las ilustraciones casi las mismas y el sistema de diagramación (sencillo para el usuario y complejo para autores y editores) idéntico, el libro, a primera vista, aparecerá muy parecido. Sólo la lectura cuidadosa mostrará las diferencias. También el aspecto editorial habrá variado. Doce años entre ambas apariciones han modificado sustancialmente las técnicas, para beneficio del usuario. Una de las novedades más evidentes se vincula al color. El mismo abarca aquí también los textos. Pero no se ha hecho sólo para deleite del lector. Se utilizó una delicada tonalidad en degradé, diferente en cada familia, para facilitar la separación entre éstas. Esperamos que la original innovación acelere la búsqueda en la guía y –por qué no– aumente su placer al repasarla.

Los mapas, ubicados siempre a la izquierda, son, en esta obra y gracias al color, más claros y didácticos.

En síntesis, resultará un libro más bonito, manuable, fácil de llevar y definitivamente más beneficioso para quien, por vivir en forma permanente o visitar la Patagonia, lo utilice en este paisaje espectacular.

Considere, quien tiene por vez primera una guía en sus manos, que ninguna palabra, símbolo o espacio en blanco, están o faltan por casualidad. Podría tratarse de errores, es cierto, pero mayoritariamente no será así. Es posible que haya razones que sólo la experiencia dicta.

Se puede utilizar el texto en **negrita** como primera y a veces suficiente aproximación. Para facilitar esta lectura nos hemos esforzado en remarcarlo sintácticamente.

La obra sigue el ordenamiento sistemático. Pese a ello hemos priorizado, dentro de la misma familia, la ubicación de las especies más parecidas en un página, a fin de resaltar los rasgos comparativos. En esta comparación se utilizan términos de valor decreciente tales como: "muy parecido", "parecido", "recuerda"...

Para las ilustraciones se trata de usar una escala por página, de modo de comparar los tamaños. Sin embargo, será más acertado considerar las medidas en centímetros que figuran al comenzar cada texto.

La descripción del color sigue siendo un problema. Aunque existen buenas tablas colorísticas, éstas no son útiles a campo, ni están al alcance de los aficionados.

Creo que la práctica en el uso de la guía facilitará la tarea. Ciertas aves conocidas pueden servir de base: la cola del Hornero será rojiza y de ese modo se podrá ir compatibilizando el criterio del lector con el de los autores, tan subjetivo como aquél.

Pedimos disculpas a los ornitólogos avisados, cuando por razones que creemos didácticas, aparecemos redundantes. Ejemplo: montañas (no llanuras). Si así lo hacemos es porque la información es útil para separar una especie de otra parecida y deseamos remarcarla.

En los textos se ha seguido, como en otras guías de nuestra autoría, una secuencia que incluye, ordenadamente, nombre vulgar, inglés y científico, medida natural, comportamiento (incluida la voz), aspecto general, descripción del macho y de la hembra (si difiere), presencia estacional, hábitat y probabilidad de su hallazgo en el área de distribución que figura en el mapa, y que a veces reforzamos con una afirmación (Ej: T. del Fuego)

Nombre vulgar: Se utiliza, con exclusividad, el nombre de la "Lista Patrón de los Nombres Comunes de las Aves Argentinas" de Navas J. R., T. Narosky, N. A. Bó y J. C. Chébez. A. O. P. (1991).

Nombre científico: No existiendo una "check'list" consensuada para las aves argentinas hemos preferido, mayoritariamente, seguir el criterio pragmático utilizado en la guía de Argentina y Uruguay, ya mencionada.

Medida natural: El número en centímetros (rara vez en metros) con que se inicia cada texto, es el tamaño que parece tener el ave en su postura más habitual. Así la medida natural de un pato será la que surge de observarlo nadando. Ex-profeso hemos dejado de lado "el largo total", de mayor valor científico pero menos útil en el campo, pues se obtiene en el gabinete con el animal estirado.

Aún siendo imprecisa, "la medida natural" es práctica, sobre todo si se la usa comparativamente. A veces, ofrecemos también la envergadura alar, medida que señala el largo de extremo a extremo de las alas, en vuelo.

Cuando el tamaño está resaltado en negrita, es que queremos señalar su particular importancia comparativa.

Nidificación: Todas las especies, que suponemos nidifican en la Patagonia, han sido señaladas mediante un logo ( ), a la derecha del nombre vulgar. Si el mismo está ausente, significa que no cría en el área abarcada por esta obra.

Comportamiento: La experiencia de campo muestra que, muchas veces, resulta más fácil reconocer a una especie por su conducta que por su colorido. O al menos ayuda, relacionar ambos aspectos. En esos casos hemos puesto especial énfasis en su señalamiento. Los comportamientos generales de las familias se han descrito suscintamente en el rubro "Familias de aves representadas en la Patagonia" (pag. 31).

En ocasiones hemos intentado describir voces, objetivo difícil de lograr. Sin embargo puede resultar de gran ayuda cuando especies parecidas poseen voces característicamente diferentes. Lo mismo ocurre con algunos pájaros del Bosque Araucano, que se oyen mucho más a menudo de lo que se ven.

Aspecto general: Al comienzo de la descripción del colorido de la parte externa de un ave –tras algunos datos de comportamiento– solemos incluir una impresión general, tal como "Enorme", "Llamativo", "Verde". Este calificativo corresponde a lo primero que observamos.

Descripción: Se ofrece una síntesis, no una minuciosa descripción de las partes del ave, que hubiese resultado engorrosa para el lector. Los datos equivalen a lo que el observador puede distinguir con su largavista, desde cierta distancia y munido de una mínima experiencia. En esta parte es cuando, con más razón, se deben retener algunos símbolos (pag.38), nombres correspondientes a la "Topografía de un ave" (pags. 28 y 29) y ciertas expresiones explicitadas en el glosario (pag. 117)

Si macho ($\male$) y hembra ($\female$) son iguales, queda implícito al no aclararlo. Por el contrario, cuando la diferencia es notoria, se describen ambos. Raramente lo hacemos también con el joven o inmaduro. Sabemos que en ciertos casos, como algunos jóvenes aguiluchos, la información resultará insuficiente para identificarlos cabalmente. Pero el espacio dispuesto por la didáctica diagramación, impide explayarse. En esos pocos ejemplos la silueta, el comportamiento, el tamaño, el hábitat y la cercanía de adultos, pueden salvar la dificultad.

Hábitat: Información que no debe ser desatendida. Más especies de lo que se supone están ligadas estrechamente a un ambiente. Muchas aves no salen del Bosque Araucano y lo mismo ocurre con especies de la meseta, la costa o la alta montaña. Si viven en dos o más de esos ambientes, estará indicado.

Distribución: No existe conocimiento exacto acerca de la distribución de muchas especies patagónicas. Además, este dato es siempre relativo, por la extraordinaria capacidad de las aves para desplazarse, a veces en relación a períodos de mayor o menor humedad o alimento. Sin embargo el dato tiene más importancia que lo que el principiante puede creer, porque los desplazamientos no son caóticos y el uso crítico de los mapas de distribución resultará de gran importancia.

En la parte final del texto se informa sobre desplazamientos invernales y migraciones al hemisferio norte. También está indicado en el texto, reforzando lo señalado en el mapa, si la especie habita un área especial de la Patagonia (p/e el NO patagónico) y si vive además en Tierra del Fuego (p/e: habita el Bosque Araucano en Patagonia y T. del Fuego).

En ocasiones hemos señalado, entre paréntesis, una localidad típica para alguna especie de difícil hallazgo.

Probabilidad de observación: Mucho más que la abundancia en sí (muy difícil de evaluar en ciertos casos como aves marinas o pájaros ocultos en los bosques), al observador le interesa la probabilidad de verla en el área que visita. Por ello hemos aplicado un sistema empírico muy sencillo (de leer, no de elaborar) en el que cada ave, posee, al final del texto, un número romano que, de I a IV, señala esa probabilidad de manera creciente. (I) para las especies más raras o muy difíciles de observar; (II) para las escasas o de difícil observación; (III) para las de presencia frecuente y (IV) para las abundantes, es decir para aquellas que el observador verá de seguro en una salida de campo.

Familias: En un rubro aparte (pag. 31) se da una información sintética, a la manera de los textos para las especies, sobre las 54 familias representadas en las avifaunas patagónica y fueguina. Junto a la descripción aparecen una o más siluetas que las representan. Lo mismo hemos hecho, pero dentro de las páginas correspondientes a las descripciones, cuando un cierto número de aves (los playeritos, por ejemplo) guardan una similitud que queremos resaltar.

Si bien tratamos lo más exhaustivamente posible a las 273 aves habituales (o más representativas) de la Patagonia y Tierra del Fuego, al pie de algunas especies, hemos informado suscintamente y en una tipografía menos destacada, acerca de algunas otras que esporádicamente alcanzan el área. Sumarían así más de trescientas.

Al final, hemos incluido una "Lista de las Especies alguna vez citadas para la Patagonia y/o Tierra del Fuego, y que no se incluye en los textos" (Ver pag. 111)

Con estos agregados tendrá el observador un panorama total de las aves que puede observar en el territorio patagónico, incluidas sus costas y el mar cercano y visibles desde las playas o acantilados. Sin embargo no debe olvidarse que "Aves de la Patagonia" está fuertemente emparentada con la obra de mayor aliento: "Guía para la Identificación de las Aves de Argentina y Uruguay".

Si a usted la Patagonia le está quedando chica en su afán de conocer a todas las aves del cono sur de América, no dude en recurrir al libro madre que, con las mismas ilustraciones de Darío Yzurieta, cubre mil especies silvestres argentino-uruguayas.

Como usar esta herramienta: La guía para la identificación de las aves patagónicas –una importante área de nuestro país– es la primera de un esfuerzo para facilitar la tarea de los observadores. Usted llevará consigo un libro de menor tamaño y sobre todo –ese es el objetivo central– con menor cantidad de especies. Ello hará más claro el panorama para quien, principiante, hace sus primeras salidas de observación. No resuelve el permanente enigma de "por dónde empezar a buscar en la guía", pero lo simplifica. En realidad, no hay una manera de comenzar, porque la experiencia, ha de acumularse a través de ensayos y errores. Pero algo podemos decir.

✓ No estrene su guía en el campo. Hágase cómplice de ella antes. Mire las figuras a ver si va reconociendo algún pájaro familiar. Lea las introducciones, el glosario, los textos. Sí, aunque se aburra. Pareciera que ese no es el objetivo de la guía, y es cierto. Pero le servirá de mucho.

✓ No debe desalentarse ante los primeros fracasos. Sepa que, en mis salidas iniciales, al oír que alguno de mis compañeros más experimentados identificaba a las aves en vuelo, creí que jamás lo lograría. El tiempo y la experiencia, terminaron desmintiéndome.

✓ No abarque demasiado al comienzo. Confórmese con identificar dos, tres o cuatro aves comunes. Aún así podría equivocarse. Pero una gran cantidad de incógnitas puede acobardarlo.

✓ Anote. Anote todo, aunque crea conocer. Repita la descripción de una misma especie muchas veces. Siempre agregará algo nuevo. Incluya fecha y localidad y si puede algo del comportamiento, del ambiente y del canto.

✓ Pase las anotaciones en carpetas, cuadernos o en su computadora. Tanto la repetición como el orden, ayudarán a acelerar el aprendizaje.

✓ Juegue, diviértase con su tarea, incluso con sus errores. Trate de adivinar el nombre del ave mirando tan solo dibujo o texto en la guía. No es fácil pero sí útil.

✓ Marque la guía (mejor con lápiz). Corríjala, agregue, quite. Haga que libro y lector crezcan juntos. Algo muy ventajoso es subrayar (por ejemplo con resaltador) el nombre de las especies que va conociendo. Esto le ayudará a reconocer una nueva, cuando la enfrente.

No olvide que lo que usted tiene en sus manos no es un libro común sino un ayudante. Saque de su uso el mejor provecho posible; no lo cuide en demasía.

Ahora, a caminar por los inexistentes senderos de la Patagonia. Es un ámbito ideal para solazarse con la naturaleza y descubrir sus misterios.

Alguna vez nos cruzaremos por esos caminos. Quizá nos detengamos a conversar; quizá tan solo nos saludemos con una sonrisa pícara, muestra de la hermandad de quienes salimos con una guía y un prismático a recorrer el mundo. Ambos sabemos cuánto hemos ganado con ello. ¡Y cuánto tenemos por ganar!

La avifauna de las eco-regiones de la Patagonia

por Eduardo Haene

Desde los primeros tiempos de la conquista, América del Sur deslumbró al mundo por su flora y fauna, muy ricas y singulares, y sus regiones naturales, extensísimas, inhóspitas y deshabitadas.

Ha pasado el tiempo, y muchos de los grandes animales salvajes más típicos han llegado al borde de su extinción, y aquellas zonas vírgenes se fueron transformando, casi por completo, en campos con ganado y cultivos. Por ejemplo la Pampa. Hay, sin embargo, algunas excepciones, y la Patagonia es una de ellas; todo un paraíso para naturalistas y aventureros de cualquier parte del planeta.

Sólo bastará, para borrar cualquier sospecha, recorrer los circuitos con montañas, bosques y lagos que unen los parques nacionales sobre los Andes; viajar a través

Fot. M. Ruda Vega

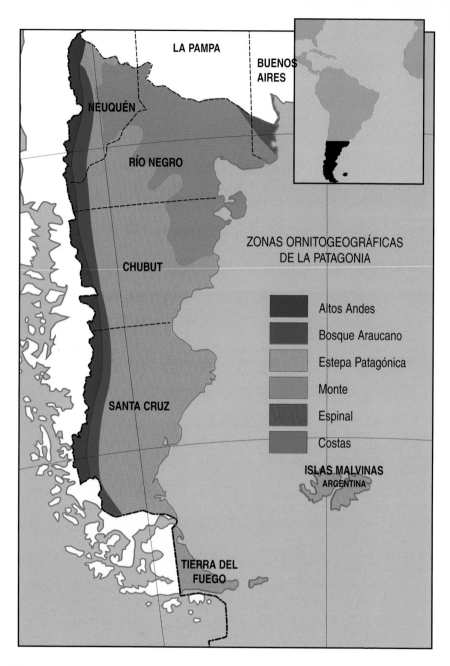

LA PAMPA

BUENOS AIRES

NEUQUÉN

RÍO NEGRO

CHUBUT

ZONAS ORNITOGEOGRÁFICAS
DE LA PATAGONIA

Altos Andes

Bosque Araucano

Estepa Patagónica

Monte

Espinal

Costas

SANTA CRUZ

ISLAS MALVINAS
ARGENTINA

TIERRA DEL
FUEGO

18

de esas rutas interminables y desoladas de los desiertos patagónicos; o, simplemente, asomarnos a las colonias reproductivas sobre el litoral costero, pobladas por miles de aves y mamíferos marinos. El paisaje silvestre original todavía perdura en la mayor parte de la Patagonia.

Para ordenar el territorio de la Argentina en unidades naturales, se han propuesto 18 eco-regiones, definidas con criterios fitogeográficos y ecológicos. Siete de ellas se encuentran en las provincias que conforman en el país la región patagónica (Neuquén, Río Negro, Chubut, Santa Cruz y Tierra del Fuego) y la zona de mar e islas vecinas.

Altos Andes

Siguiendo como eje central las cumbres de la Cordillera de los Andes, encontramos una eco-región particular de alta montaña. Está estrechamente emparentada con la Puna y la Estepa Patagónica, con las cuales comparte muchos de sus géneros de plantas y animales típicos. Es un desierto frío y ventoso, con precipitaciones abundantes en forma de nieve o granizo, en cualquier estación del año.

Fot. J. Leiberman

Fot. Herbert Schulz

En la Patagonia se encuentra por encima del bosque, que en los cerros se torna achaparrado. Sobre un suelo de escaso desarrollo, crecen en forma aislada plantas pequeñas de grandes flores, al reparo de las piedras, que constituyen la vegetación típica de los Altos Andes. En los sitios con agua se forman "vegas", a modo de parches verdes de hierbas semiacuáticas, todo un oasis de altura.

Las aves adaptadas a vivir en las duras condiciones de la montaña, vuelan bajo y caminan mucho, pasan la temporada reproductiva en las partes altas y suelen bajar en invierno y durante temporales fuertes. La mayor parte de las especies corresponde a grupos de pocos géneros que tienen una dilatada distribución a través de la Cordillera de los Andes. Algunos ejemplos son la Palomita Cordillerana (*Metriopelia melanoptera*), la Caminera Colorada (*Geositta rufipennis*) y el Yal Plomizo (*Phrygilus unicolor*). Tiránidos típicos de las montañas son los gauchos y las dormilonas. En la Patagonia son frecuentes el Gaucho Grande (*Agriornis livida*) y el Gaucho Serrano (*A. montana*); mientras que la diversidad de dormilonas puede resultar llamativa: Dormilona Cara Negra (*Muscisaxicola macloviana*), Ceja Blanca (*M. albilora*), Fraile (*M. flavinucha*) y Chica (*M. maculirostris*).

Las vegas de altura concentran la avifauna de la montaña, y tienen elementos propios como la Agachona Patagónica (*Attagis malouinus*) y la Agachona Grande (*Attagis gayi*), también presentes en la estepa. El género *Melanodera* posee dos especies frecuentes en praderas húmedas (y otros ambientes): el Yal Andino (*M. xanthogramma*) y el Yal Austral (*M. melanodera*), ambos exclusivos del sur de Chile y la Argentina.

Dos aves emblemáticas de la alta cordillera, como el Cóndor Andino (*Vultur gryphus*) y el Aguila Mora (*Geranoaetus melanoleucus*), tienen en la Patagonia territorios amplios que incluyen sus bosques y estepas.

Bosque Araucano

Montañas coronadas de nieve y extensos bosques junto a lagos de tonos azules, celestes y verdes, son el sello inconfundible de una de las eco-regiones más espectaculares de la Argentina y Chile. Se extiende como una faja angosta recostada sobre los Andes, desde el norte de Neuquén hasta Tierra del Fuego e Isla de los Estados.

Los bosques ocupan un relieve abrupto y escarpado, con clima templado a frío, húmedo, con copiosas nevadas invernales y heladas durante casi todo el año. La vegetación dominante corresponde a especies del género *Nothofagus*, por ejemplo la lenga (*N. pumilio*), y coníferas nativas de gran porte, como el pehuén (*Araucaria araucana*). Los árboles están homogéneamente espaciados, a veces acompañados por un denso arbustal con manchones de cañas colihue (*Chusquea culeou*). Su flora arbórea posee mayor similitud con la de Nueva Zelanda y otros

Fot. M. Ruda Vega

Fot. J. Leiberman

puntos de la Oceanía templada (todos tendrían un origen común), que con otras formaciones boscosas de América del Sur.

Los bosques patagónicos, aislados y muy diferentes a otros del subcontinente, tienen un elenco de aves propio, por lo cual la mayor parte de sus especies son exclusivas de la Argentina y Chile. Inclusive tienen representantes de dos de los grupos más coloridos de América del Sur y Central: los loros, con la Cachaña (*Enicognathus ferrugineus*), y los colibríes, con el Picaflor Rubí (*Sephanoides sephaniodes*).

En estos bosques la combinación de grandes troncos y procesos de pudrición lentos, brindan una oferta abundante para las aves trepadoras como los carpinteros, con picos fuertes, capaces de horadar la madera en busca de los insectos que la consumen. No sorprende, por lo tanto, que haya tres especies de Carpinteros: el Pitío (*Colaptes pituis*), el Bataraz Grande (*Picoides lignarius*) y el Gigante (*Campephilus magellanicus*). A ellos debemos sumar el Picolezna Patagónico (*Pygarrhichas albogularis*), pájaro de la familia del hornero (Furnáridos) que trepa y pica troncos como los anteriores.

Un ave infaltable, muy común a lo largo de toda esta eco-región, es el Rayadito (*Aphrastura spinicauda*), un agil recorredor de ramas.

El sotobosque denso reúne a cuatro aves caminadoras, de alas cortas, que aunque se oyen con frecuencia sólo se ven en pasadas fugaces. Se trata del Huet-huet (*Pteroptochos tarnii*), el Churrín Grande (*Eugralla paradoxa*), el Chucao (*Scelorchilus rubecula*) y el Churrín Andino (*Scytalopus magellanicus*), cada uno con preferencias de hábitat particulares. Dentro de este estrato arbustivo, donde son comunes los cañaverales, resulta frecuente un pájaro recorredor, la Colilarga (*Sylviorthorhynchus desmursii*).

Entre las aves típicas del bosque, hay varias muy factibles de observar en cada salida, como el Caburé Grande (*Glaucidium nanum*), extremadamente confiado aquí, el Fiofío Silbón (*Elaenia albiceps*), la Golondrina Patagónica (*Tachycineta leucopyga*), el Zorzal Patagónico (*Turdus falcklandii*), el Comesebo Patagónico (*Phrygilus patagonicus*), el Cabecitanegra Austral (*Carduelis barbata*) y el Tordo Patagónico (*Curaeus curaeus*). Este grupo, habita los parques y jardines de los poblados de la zona, y en distinta medida ha ampliado su distribución hacia las arboledas extracordilleranas implantadas por el hombre.

Una buena parte de la avifauna del bosque es endémica de la formación. Algunos ejemplos adicionales son el Aguilucho Cola Rojiza (*Buteo ventralis*), el Matamico Blanco (*Polyborus albogularis*), especie de carancho de estos montes silvestres, la Paloma Araucana (*Columba araucana*), el Diucón (*Xolmis pyrope*), el Peutrén (*Colorhamphus parvirostris*) y la Rara (*Phytotoma rara*).

Los lagos de la región boscosa patagónica, numerosos y de grandes dimensiones, poseen aves acuáticas bastante características, como el Macá Grande o huala (*Podiceps major*), el Cauquén Real (*Chloephaga poliocephala*), el Pato de Anteojos (*Anas specularis*) y el Pato Zambullidor Grande (*Oxyura ferruginea*). Por su parte, en los bordes de arroyos son habituales dos Remolineras: la Araucana (*Cinclodes patagonicus*) y la Andina (*Cinclodes oustaleti*). En los rápidos, la figura excluyente es sin duda el Pato de Torrente (*Merganetta armata*).

Estepa Patagónica

Esta eco-región, la más extensa de la Patagonia, es casi exclusiva de la Argentina, pues sólo unas porciones llegan a los sectores vecinos de Chile. Tiene una continuación hacia el norte: la Payunia (Mendoza).

Se trata de un desierto templado-frío, con fuertes vientos del oeste, nevadas en invierno y heladas durante casi todo el año.

La vegetación es baja y achaparrada, siendo comunes matas hemisféricas como la del neneo (*Mulinum spinosum*). Predominan arbustos recios, adaptados a la rigurosidad del clima; los pastos se tornan más frecuentes hacia el oeste, donde llegan a formar comunidades densas.

Fot. E. Haene

La estepa ofrece un hábitat apropiado para aves corredoras como el Choique (*Pterocnemia pennata*), la Martineta Común (*Eudromia elegans*), la Quiula Patagónica (*Tinamotis ingoufi*), endémica de esta formación, y el Chorlo Cabezón (*Oreopholus ruficollis*). Asimismo, son comunes las aves insectívoras caminadoras como la Bandurrita Común (*Upucerthia dumetaria*), la Caminera Patagónica (*Geositta antarctica*), la Caminera Común (*Geositta cunicularia*), la Bandurrita Patagónica (*Eremobius phoenicurus*), también endémica de esta eco-región, el Canastero Pálido (*Asthenes modesta*), y dos Monjitas: la Castaña (*Neoxolmis rubetra*), exclusiva de la Argentina, y la Chocolate (*N. rufiventris*). Muchas de estas aves tienen plumajes pardos y grises, similares al terreno circundante.

Otros componentes típicos de la estepa son el Espartillero Austral (*Asthenes anthoides*) y el Jilguero Austral (*Sicalis lebruni*).

Las relaciones de la estepa patagónica con la naturaleza de alta montaña se ve reflejada en la presencia de muchas aves comunes a ambas. Es el caso de las Agachonas, la Chica (*Thinocorus rumicivorus*) y la de Collar (*Thinocorus orbignyianus*), el Coludito Cola Negra (*Leptasthenura aegithaloides*) y el Gaucho Gris (*Agriornis microptera*).

La avifauna de la estepa, es escasa o esquiva y con predominio de plumajes pardos, y contrasta con la de las lagunas de la región. Estos cuerpos de agua, poco profundos, ricos en organismos acuáticos, ofrecen comida y refugio a un número importante de aves de tamaños medianos a grandes, muy espectables en los espejos de agua, y que suelen tener detalles coloridos.

Entre las aves acuáticas de la zona hay tres especies endémicas: el Macá Tobiano (*Podiceps gallardoi*), la Gallineta Chica (*Rallus antarcticus*) y el Pato Vapor

Volador (*Tachyeres patachonicus*). El grupo más habitual pertenece a los integrantes de la familia de los patos, con dos Cisnes: el Cuello Negro (*Cygnus melancoryphus*) y el Coscoroba (*Coscoroba coscoroba*); dos Cauquenes: el Común (*Chloephaga picta*) y el Colorado (*Chloephaga rubidiceps*), frecuentes en áreas húmedas periféricas; y varios patos como el Crestón (*Lophonetta specularioides*), presente en distintos ambientes (costas, montañas) y el Overo (*Anas sibilatrix*). Otras aves comunes en los ambientes acuáticos de la Patagonia son la Bandurria Austral (*Theristicus melanopis*), el Gavilán Ceniciento (*Circus cinereus*) y el Macá Plateado (*Podiceps occipitalis*).

La avifauna de los cuerpos de agua de la estepa patagónica tiene muchas semejanzas, en su composición, con los de la pampa. En ambos son abundantes los macáes, patos y gallaretas.

Monte de llanuras y mesetas

Es una eco-región exclusiva de la Argentina, relacionada con otras formaciones como el Monte de Sierras y Bolsones (su continuación hasta Salta), el Espinal y el Chaco Seco. Abarca una extensa superficie del centro-oeste del país y norte de la Patagonia. Este desierto de clima fresco y lluvias estacionales (invierno y primavera), tiene vegetación arbustiva rala, muy homogénea, donde predominan las jarillas (*Larrea* spp.), plantas resinosas de follaje perenne.

Las aves más asociadas a esta eco-región resultan por ende propias de la Argentina. Se trata por ejemplo del Gallito Arena (*Teledromas fuscus*), el Canastero Patagónico (*Asthenes patagonica*) y el Caserote Pardo (*Pseudoseisura gutturalis*).

Fot. E. Haene

El monte y la estepa patagónica son arbustales de zonas áridas con una amplia área de contacto y sin barreras geográficas notables. Por ello, no resulta extraño que posean especies en común, como el Cachudito Pico Negro (*Anairetes parulus*), la Calandria Mora (*Mimus patagonicus*), la Diuca Común (*Diuca diuca*), el Comesebo Andino (*Phrygilus gayi*), el Yal Negro (*Phrygilus fruticeti*) y la Loica Común (*Sturnella loyca*).

Espinal

Ocupa una franja extensa entre el Chaco y la Pampa, caracterizado por montes bajos con especies leñosas con espinas, entre las que se destacan los algarrobos. Llega al extremo nordeste de la Patagonia, con una formación particular: el bosque de caldén (*Prosopias caldenia*), aquí dispuesto en montes aislados.

La presencia de caldenales dentro de una matriz de zonas carentes de árboles, se refleja en un enriquecimiento de la avifauna regional. Aparecen especies típicamente recorredoras de troncos como el Carpintero Bataraz Chico (*Picoides mixtus*) y el Chinchero Grande (*Drymornis bridgesii*), sumado a otras bien arborícolas como el Caserote Castaño (*Pseudoseisura lophotes*), que forma nidos enormes de ramas en las copas, el Curutié Blanco (*Cranioleuca pyrrhophia*), el Coludito Copetón (*Leptasthenura platensis*) y el Suirirí Pico Corto (*Sublegatus modestus*).

Costas

El litoral marino patagónico tiene una gran extensión que abarca todo el sector este sobre el Mar Argentino. Hasta allí llega la meseta patagónica formando acantilados con playas angostas y muy pocas islas cercanas. Promontorios escarpados y paredones inaccesibles resultan sitios seguros para la nidificación masiva de muchas aves marinas. Su combinación con apostaderos de lobos y elefantes marinos, se ha convertido en un espectáculo muy llamativo en las costas, donde constituyen desde hace años sitios de importancia turística, como Península de Valdés, Punta Tombo y la Ría de Deseado.

El Pingüino Patagónico (*Spheniscus magellanicus*) se concentra de a miles para reproducirse. Otros grupos notables por su cantidad y variedad son los cormoranes, las gaviotas y afines, chorlos y playeros. Entre los primeros, cuatro especies habituales y restringidas a la América Austral son el Cormorán Gris (*Phalacrocorax gaimardi*), el Cuello Negro (*Phalacrocorax magellanicus*), el Real (*Phalacrocorax albiventer*) y el Imperial (*Phalacrocorax atriceps*). Entre las segundas, podemos destacar a la Gaviota Cocinera (*Larus dominicanus*) y tres gaviotines: el Sudamericano (*Sterna hirundinacea*), el Pico Amarillo (*Sterna eurygnatha*) y el Real (*Sterna maxima*), un grupo que siempre ofrece atractivos para el observador de aves por los detalles sutiles que suelen diferenciar a una especie de otra. La Gaviota Gris (*Leucophaeus scoresbii*) es otro elemento frecuente dentro de estas colonias.

Si bien, lo habitual es que estas aves utilicen los hábitat del litoral marino, pueden incursionar en ambientes acuáticos continentales. El caso más llamativo es el Cormorán Imperial por tener una población, al parecer aislada, en el Lago Nahuel Huapi; la Gaviota Cocinera resulta la más extendida en tiempos recientes, favorecida por los basurales a cielo abierto de los poblados, donde encuentra comida.

Otras especies típicas de las costas patagónicas son el Petrel Gigante Común (*Macronectes giganteus*), la Caranca (*Chloephaga hybrida*), un cauquén de hábitos marinos, dos Quetros o patos vapor: el Austral (*Tachyeres pteneres*) y el Cabeza Blanca (*T. leucocephalus*), tres Ostreros: el Común (*Haematopus ostralegus*), el Austral (*H. leucopodus*) que se adentra en la meseta y el Negro (*H. ater*). Dos aves características del litoral marino y ambientes vecinos del extremo austral del continente son la Remolinera Negra (*Cinclodes antarcticus*) y el Matamico Grande (*Polyborus australis*), ambos exclusivos de Chile y la Argentina.

Topografía de un ave

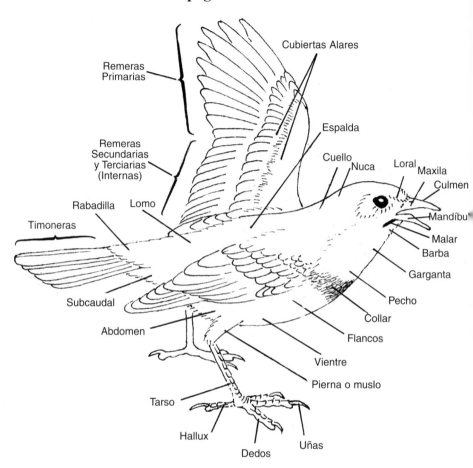

Cubiertas Alares

Remeras Primarias

Espalda

Remeras Secundarias y Terciarias (Internas)

Cuello

Nuca

Loral

Maxila

Culmen

Rabadilla

Lomo

Mandíbula

Timoneras

Malar

Barba

Garganta

Subcaudal

Pecho

Collar

Abdomen

Flancos

Vientre

Pierna o muslo

Tarso

Hallux

Uñas

Dedos

Las dimensiones que figuran en el texto (medida natural)
fueron tomadas de la siguiente forma

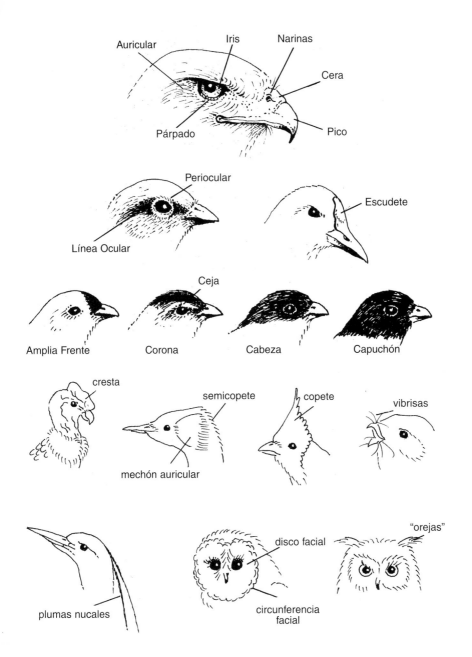

Auricular
Iris
Narinas
Cera
Párpado
Pico
Periocular
Escudete
Línea Ocular
Ceja
Amplia Frente
Corona
Cabeza
Capuchón
cresta
semicopete
copete
vibrisas
mechón auricular
plumas nucales
disco facial
"orejas"
circunferencia facial

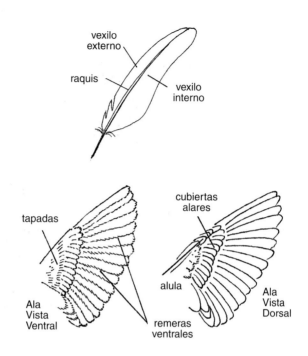

TIPOS DE COLAS

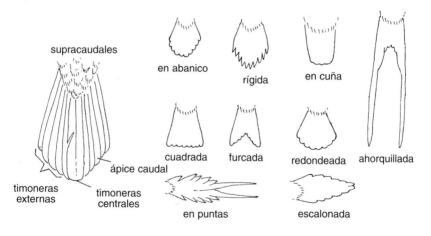

en abanico

rígida

en cuña

cuadrada   furcada   redondeada   ahorquillada

supracaudales

timoneras externas

ápice caudal

timoneras centrales

en puntas   escalonada

Familias de Aves Representadas en la Patagonia Argentina

Orden Spheniformes

Fam . SPHENISCIDAE: **Pingüinos** (Penguins) - 10 especies en Patagonia (4 tratadas, N°s 1 a 4) - Inconfundibles- **Pelágicos- No vuelan**- Eximios nadadores y buceadores, parecen torpedos - A tierra sólo van a nidificar o exhaustos - Postura erecta que recuerda la de cormoranes – Gregarios -Crían en colonia -1 ó 2 huevos blancos - **Alas modificadas en aletas** - Plumaje como piel- Pico robusto - Patas y cuello cortos- 3 dedos palmeados - ♂ y ♀ semejantes.

Orden Rheiformes

Fam. RHEIDAE: **Ñandúes**, "avestruces", choiques (Rheas) - 2 especies en Patagonia (N°s 5 y 6) - Inconfundibles- **No vuelan** - Grandes corredores- En grupos- Polígamos - Incuba el macho -Nido en el suelo con muchos huevos cremosos- **Enormes - Patas y cuello largos** - Cabeza chica -Alas y cola sin plumas rígidas - 3 dedos- ♂ y ♀ algo distintos.

Orden Tinamiformes

Fam. TINAMIDAE: **Inambúes**, "perdices" , martinetas o copetonas, quiulas (Tinamous) – 7 especies en Patagonia (4 tratadas, N°s 7 a 10) - Terrícolas - Poco voladores – Caminadores -Polígamos- Incuba el _ -Brillantes huevos coloreados-.A menudo **presa de cazadores**-Miméticos- Plumaje abigarrado –Cabeza pequeña - Alas redondeadas - **Cola corta**- ♂ y ♀ semejantes.

Orden Podicipediformes

Fam. PODICIPEDIDAE: **Macáes**, zambullidores (Grebes) - 5 especies en Patagonia (N°s 11 a 15) -Acuáticos- Zambullen a menudo - Buenos **buceadores** - Bastante gregarios -Vuelan poco de día, tras largo carreteo - Cuando raramente caminan, andan erguidos- Nido flotante - Varios huevos blancuzcos que luego se tiñen - Recuerdan patos - Plumaje compacto, satinado e impermeable - **Pico cónico** y agudo- Cola rudimentaria- **4 dedos lobulados** - Dimorfismo estacional - ♂ y ♀ semejantes.

Orden Procellariiformes

Fam. DIOMEDEIDAE: **Albatros** (Albatrosses) - 6 especies en Patagonia (2 tratadas, N°s 16 y 17) – Pelágicos -Eximios **planeadores** de vuelo bajo -Nadadores- A tierra sólo van a nidificar, a menudo en colonia -Un huevo blanco- Parecen enormes gaviotas-**Alas muy largas y estrechas**-Cabeza grande -Robusto **pico con un tubo a cada lado** –3 dedos palmeados- ♂ y ♀ semejantes.

Fam. PROCELLARIIDAE: **Petreles**, pardelas, priones, fulmares (Petrels, shearwaters, prions, fulmars)-18 especies en Patagonia (7 tratadas, N°s 18 a 24) - En general migradores y pelágicos- Menores que albatros y no tan planeadores -A tierra van sólo a nidificar- Un huevo blanco- Parecen gaviotas- **Doble tubo nasal sobre el pico**- 3 dedos plameados - ♂ y ♀ semejantes..

Fam. HYDROBATIDAE: **Paíños**, petreles de tormenta, "golondrinas de tormenta" (Storm-petrels)-3 especies en Patagonia (1 tratada, N° 25) -Pelágicos- Parecen golondrinas o **pequeños** petreles de vuelo errático - **Revolotean sobre las olas** con las patas colgando -No planean-Suelen aparecer en tiempo tormentoso -A tierra sólo van a nidificar, de noche- Un huevo blanco-Pico fino con gancho en la punta –**Un sólo tubo sobre el pico**- 3 dedos palmeados - ♂ y ♀ semejantes.

Fam. PELECANOIDIDAE: **Yuncos**, potoyuncos, petreles zambullidores (Diving-petrels)- 2 especies en Patagonia (1 tratada, N° 26) -**Costeros** -Parecen **pequeños y robustos** petreles -Vuelo bajo y rápido -Eximios **zambullidores** -**Bucean**- Un huevo blanco -Alas cortas- **Dos tubos abiertos hacia arriba, en la base del pico corto** y robusto -Patas cortas-3 dedos palmeados- ♂ y ♀ semejantes.

Orden Pelecaniformes

Fam. PHALACROCORACIDAE: **Cormoranes**, biguáes (Cormorants) - 6 especies en Patagonia (N°s 27 a 32) -Costeros y en aguas interiores, incluso embalses –Gregarios -Zambullen y bucean- **Esbeltos** –**A veces posados al sol con las alas extendidas** -Crían en colonia- 4 huevos celestes -**Pico** recto, más bien largo, **con gancho en la punta**- Cuello largo-Cola larga, algo rígida- 4 dedos palmeados- ♂ y ♀ semejantes.

Orden Ardeiformes

Fam. ARDEIDAE: **Garzas**, mirasoles (Herons) -7 especies en Patagonia (5 tratadas, N°s 33 a 37) – Palustres - **Vuelo** lento **con el largo cuello recogido**- Gregarias -Vadean- La mayoría cría en colonia -3 ó 4 huevos, a menudo azul verdosos - **Pico largo y agudo**- Patas largas, con dedos no palmeados - ♂ y ♀ semejantes

Fam. THRESKIORNITHIDAE: **Bandurrias**, cuervillos, espátulas (Ibises, Spoonbills) - 3 especies en Patagonia – (2 tratadas, N°s 38 y 39) - Recuerdan cigüeñas - Mucho menores –Gregarias - Algo palustres - **Vuelo** rápido **con el cuello extendido,** a veces **formación en "v"** -En general crían en colonia - 2 a 5 huevos - Cuello y patas largos- Dedos no palmeados – **Pico largo,** delgado **y curvo** (salvo, la Espátula Rosada)- ♂ y ♀ semejantes.

Orden Phoenicopteriformes

Fam. PHOENICOPTERIDAE: **Flamencos**, parinas (Flamingos) -1 especie en Patagonia (N° 40) - Inconfundibles - En aguas salobres y estuarios -Gregarios- Vuelo en fila con el cuello extendido –Crían en colonia - Nido de barro - 1 huevo blanco -**Rosados**- **Patas y cuello muy largos** - Dedos palmeados- **Pico abruptamente curvado** - ♂ y ♀ semejantes.

Orden Anseriformes

Fam. ANATIDAE: **Patos,** cisnes, cauquenes, "avutardas"(Ducks, swans, gooses) - 25 especies en Patagonia (23 tratadas, N°s 41 a 63) – Acuáticos - Buenos **nadadores y voladores** – Zambullen –Caminan – Gregarios -Vuelo rápido y batido - Muchos huevos blancuzcos- Uno es parásito (N° 63) - A menudo presa de cazadores - **Espejo alar brillante - Pico ancho, chato, con uña en punta**- Patas cortas- 3 dedos palmeados -En algunos, ♂ y ♀ distintos.

Orden Falconiformes

Fam. CATHARTIDAE: **Jotes,** "cuervos", cóndores (American Vultures) - 3 especies en Patagonia (N°s 64 a 66) - **Comen carroña** - Suelen planear alto - Más bien gregarios - A veces asentados con las alas abiertas - 1 a 2 huevos, blancos o manchados- Recuerdan águilas- Grandes- **Cabeza desnuda**, a menudo coloreada- Pico con gancho en la punta- Alas largas y anchas - Patas robustas - Uñas débiles- ♂ y ♀ semejantes.

Fam. ACCIPITRIDAE: **Gavilanes**, águilas, aguiluchos, esparveros, milanos (Eagles, hawks, kites) – 12 especies en Patagonia (10 tratadas, N°s 67 a 76) - Diurnos- Vuelo rápido- Postura erecta - 1a 4 huevos, a menudo manchados **– Distintas fases - J:** pecho y vientre, **estriado – Pico corto**, muy curvo, **sin borde dentado** - A veces tarsos emplumados - Uñas curvas y fuertes - Ojo, cera y patas, coloreadas - Alas largas - ♀ ♀ más grande.

Fam. FALCONIDAE: **Halcones**, caranchos, chimangos (Falcons, caracaras) – 9 especies en Patagonia (7 tratadas, N°s 77 a 83) – Diurnos - Parecen Accipitridae - **Pico** igual pero **con borde dentado** - Tarsos no emplumados **–Alas agudas** - Cola larga - 2 a 4 huevos muy manchados - ♀ ♀ más grandes - ♂ y ♀ semejantes.

Orden Galliformes

Fam. PHASIANIDAE: **Codornices**, faisanes (Quails, pheasants) - 2 especies introducidas en Patagonia (1 tratada, N° 84) - Terrícolas- En la espesura- Nido en el suelo- Hasta 14 huevos manchados - Robustos- A menudo presa de cazadores- Recuerdan pollos - Pico corto, como de gallina- Alas, patas, cola y cuello cortos- ♂ y ♀ distintos.

Orden Gruiformes

Fam. RALLIDAE: **Gallinetas**, gallaretas, pollas (Rails, coots, gallinules) – 7 especies en Patagonia (6 tratadas, N°s 86 a 91) - Palustres - De día, poco voladoras – **Grito fuerte**- Varios huevos manchados- A veces escudete - Alas cortas y redondeadas- **Cola corta, a menudo erecta**- Dedos largos- (**Gallaretas**: acuáticas, **dedos lobulados**) – ♂ y ♀ semejantes.

Orden Charadriiformes

Fam. ROSTRATULIDAE : **Aguateros**,"agachonas" (Painted-snipes) – 1 especie en Patagonia (N° 85) - Palustres- De día ocultos- Poliándricos - Nido en el suelo- 2 huevos manchados- Miméticos - **Pico** largo, **curvo en la punta**- Cola corta- Dedos largos - ♂ y ♀ semejantes.

Fam. HAEMATOPODIDAE: **Ostreros** (Oystercatchers) – 3 especies en Patagonia (N°s 92 a 94) Inconfundibles- 92) y 94) muy costeros- Silbos fuertes – Vuelo bajo- Nido en el suelo- 2 ó 3 huevos manchados- Plumaje compacto, negruzco o blanquinegro – **Pico muy largo, rojo** - Alas y patas largas- Cola corta - ♂ y ♀ semejantes.

Fam. RECURVIROSTRIDAE: **Teros-reales** (Stilts) - 1 especie en Patagonia (N° 95) - En aguas interiores- Gregarios- Nido en el suelo- 2 a 4 huevos manchados- **Esbeltos**- Plumaje blanco y negro - **Pico largo, fino y recto** - Cola corta- **Patas finas, muy largas** -Dedos algo palmeados- ♂ y ♀ semejantes.

Fam. CHARADRIIDAE: **Chorlos**, chorlitos (Plovers, lapwings) – 10 especies en Patagonia (9 tratadas, N°s 96 a 104) - Recuerdan playeros- No tan gregarios ni tan costeros – Vuelo rápido – Nido en el suelo- 2 a 4 huevos manchados- A menudo dimorfismo estacional- **Pico corto con punta engrosada**- **Cabeza grande-** Patas no muy largas- **3 dedos** y 1 rudimentario o ausente - (Teros: no costeros, gritones, alas redondeadas, con espolón)- ♂ y ♀ semejantes.

Fam. SCOLOPACIDAE: **Playeros**, becasas, becasinas, pitotois (Sandpipers, snipes) - 17 especies en Patagonia (12 tratadas, N°s 105 a 116) - **Migradores** con dimorfismo estacional (salvo 115 y 116) - Más **gregarios**, costeros y de cabeza menor que Charadriidae - Vuelo rápido- Nido en el suelo- 3 a 4 huevos manchados –Esbeltos - Pico y patas a veces muy largos- Alas agudas - **4 dedos** - ♂ y ♀ semejantes.

Fam. PHALAROPODIDAE: **Falaropos**, chorlos nadadores (Phalaropes) - 3 especies visitan Patagonia (1 tratada, Nº 117) – Migradores - Parecen playeros –**Nadadores** –Pelágicos (salvo 117) – Gregarios -No anidan en el área - Dimorfismo estacional- **Pico** largo, **fino y recto** - Alas largas y agudas - **Dedos lobulados** - ♀ : mayor (más colorida en plumaje nupcial).

Fam. CHIONIDIDAE: **Palomas-antárticas** (Sheathbills) – 1 en Patagonia (Nº 118) -Costeras- **Parecen palomas blancas**- Confiadas- Terrícolas- Vuelo a desgano -Nido entre rocas o en hoyos en la Antártida- 2 a 3 huevos manchados- **Pico grueso y corto, con vaina córnea en la base** - Cola corta- ♂ y ♀ semejantes.

Fam. THINOCORIDAE: **Agachonas** (Seedsnipes) – 4 especies en Patagonia (Nᵒˢ 119 a 122)-Terrícolas- Caminadoras - No palustres ni costeras- Asentadas parecen palomas y en vuelo, chorlos- Nido en el suelo - 4 huevos manchados- Robustas- **Miméticas**- **Pico corto y grueso**- **Patas** y cola **cortas** - ♂ y ♀ semejantes o apenas distintos.

Fam. STERCORARIIDAE**: Escúas**, salteadores, gaviotas pardas (Skuas, jaegers) – 4 especies en Patagonia (2 tratadas, Nᵒˢ 123 y 124) –Costeros y pelágicos**-** Oportunistas, **suelen acosar otras especies** para quitarles el alimento -Nadan- Nido en el suelo- 2 a 3 huevos manchados -**Parecen gaviotas**- Más bien pardas- **Pico robusto con gancho en la punta- Alas largas**, agudas **con mancha blanca- Plumas centrales de la cola, alargadas**- Dedos palmeados - ♂ y ♀ semejantes.

Fam. RYNCHOPIDAE: **Rayadores** (Skimmers) – 1 especie en Patagonia (Nº 125)- Costeros**- Rayan el agua** -Gregarios- Parecen gaviotines - Crían en colonia, en playas arenosas- 3 a 4 huevos manchados- Leve dimorfismo estacional - **Largo y extraño pico, con maxila más corta -** Alas largas y delgadas- Patas muy cortas –Dedos palmeados - ♂ y ♀ semejante .

Fam. LARIDAE: **Gaviotas,** gaviotones (Gulls) – 7 especies en Patagonia (5 tratadas, Nᵒˢ 126 a 130) – Diversos ambientes acuáticos - Gregarias- Bullangueras- Anidan en colonia – Hasta 4 huevos manchados- Dimorfismo estacional (salvo 127 y 128) – **Más bien blancas** – Gancho en la punta del pico, menos notable que en escúas- Alas largas y agudas- Dedos palmeados- ♂ y ♀ semejantes.

Fam. STERNIDAE : **Gaviotines**, "golondrinas de mar" (Terns) - 8 especies en Patagonia (4 tratadas, Nᵒˢ131 a 134) – Costeros -Recuerdan gaviotas -Más delgados -**Zambullen**- No nadan- Gregarios- Anidan en colonia – 2 a 3 huevos manchados- Dimorfismo estacional- **Pico** recto, **agudo, sin gancho**- Alas largas y angostas- **Cola** a menudo **muy larga** y furcada - **Patas muy cortas**- Dedos palmeados - ♂ y ♀ semejantes.

Orden Columbiformes

Fam. COLUMBIDAE: **Palomas**, torcazas (Pigeons, doves) – 7 especies en Patagonia (Nᵒˢ 135 a 141) - Inconfundibles -Caminadoras- Vuelo sostenido y ruidoso - **Arrullo**- 1 ó 2 huevos blancos – Robustas - Cabeza chica, redondeada- **Pico fino**, corto, con **cera en la base**- Cuello corto- Alas largas y agudas- Patas cortas, a menudo rojizas- ♂ y ♀ semejantes.

Orden Psittaciformes

Fam. PSITTACIDAE: **Loros**, cotorras, cachañas (Parrots, parakeets) - 3 especies en Patagonia (Nᵒˢ142 a 144) – Inconfundibles -**Bullangueros**- Trepadores -Vuelo rápido y batido – Más bien gregarios -Nido en huecos (salvo 144) - 2 a 6 huevos blancos -**Verdes**- Cabeza grande -**Pico** robusto y **muy curvo -**Alas largas y agudas- Patas cortas- **2 dedos hacia delante y 2 hacia atrás**- ♂ y ♀ semejantes.

Orden Cuculiformes

Fam. CUCULIDAE: **Pirinchos,** cuclillos (Cuckoos) - 3 especies en Patagonia (1 tratada, N° 145) - Nido en árboles –Número y color de huevos variable, algunos con malla calcárea- Esbeltos- Coloración modesta -Pico algo curvo- Alas cortas- **Cola larga, graduada- 2 dedos hacia delante y 2 hacia atrás** - ♂ y ♀ semejantes.

Orden Strigiformes

Fam. TYTONIDAE: **Lechuzas-de-campanario** (Barn Owls) - 1 en Patagonia (N° 146) -Nocturnas- Voz fuerte- Nido en edificios ó árboles- Varios huevos blancos- Esbeltas- **Cara blanca con disco facial acorazonado -** Pico recto y alargado- Patas largas y emplumadas- **Dedos cubiertos por " cerdas"** - ♂ y ♀ semejantes.

Fam. STRIGIDAE : **Lechuzas**, búhos, caburés, lechuzones (Owls) - 6 especies en Patagonia (5 tratadas, N°ˢ 147 a 151) - **Mayormente nocturnas**- Vuelo lento y silencioso – Nido en huecos o en el suelo- 2 a 7 huevos blancos, esféricos- Cabeza grande, a veces con "orejas"- **Disco facial redondeado - Pico curvo y corto**- Patas, más bien cortas - Dedos emplumados - Uñas largas y curvas- ♂ y ♀ semejantes.

Orden Caprimulgiformes

Fam. CAPRIMULGIDAE: **Atajacaminos**, dormilones (Nightjars, nighthawks) - 2 especies en Patagonia (N°ˢ 152 y 153) –Inconfundibles - Nocturnos y **crepusculares** – De día inmóviles en el suelo o en ramas, en **posición horizontal** –Vuelo quebrado y silencioso - 2 huevos manchados, en el suelo (con alguna excepción no patagónica)- **Miméticos**- Cabeza grande -**Patas**, **cuello y pico cortos**- **Boca amplia, rodeada de "cerdas"** – Ojos rojos de noche - Alas y cola largas - ♂ y ♀ algo distintos.

Orden Apodiformes

Fam. APODIDAE: **Vencejos** (Swifts) – 1 especie en Patagonia (N° 154) – **Gregarios** - **Vuelo permanente**, rápido y sinuoso, por lo general a gran altura- Se posan verticalmente en paredes rocosas, en las que anidan- Varios huevos blancos- **Recuerdan golondrinas**- A menudo coloración oscura- Pico corto- Boca grande- **Alas muy largas, estrechas, curvadas y en puntas**- Patas cortas- Uñas fuertes - ♂ y ♀ semejantes.

Orden Trochiliformes

Fam. TROCHILIDAE: **Picaflores**, colibríes (Hummingbirds) – 4 especies en Patagonia (2 tratadas, N°ˢ 155 y 156) – Inconfundibles- A menudo confiados- **Vuelo muy veloz**, ágil y sonoro, incluso hacia atrás- **Se mantienen** en el aire **frente a flores**- Polígamos- Nido a baja altura- 2 huevos blancos, cilíndricos -A menudo muy pequeños- **Plumaje vistoso con brillo metálico**- **Pico fino** y largo, a veces algo curvo- Patas diminutas - ♂ y ♀ más bien distintos.

Orden Coraciiformes

Fam. ALCEDINIDAE : **Martín Pescadores** (Kingfishers) - 1 especie en Patagonia (N° 157) -Inconfundibles- Pasivos- Asentados en ramas o postes cerca del agua- **Zambullen** para capturar peces- Vuelo rápido y ondulado- Nido en cuevas- Varios huevos blancos, brillantes- Plumaje vistoso- Cuerpo corto – Cabeza grande- Semicopete- **Pico recto,** largo, **robusto y agudo**- Alas cortas y redondeadas- 3 dedos hacia delante, 2 de ellos unidos, y 1 hacia atrás - ♂ y ♀ algo distintos.

Orden Piciformes

Fam. PICIDAE : **Carpinteros,** " pájaros carpinteros" (Woodpeckers) - 6 especies en Patagonia (N°s 158 a 163) –Inconfundibles- **Trepadores**- Arborícolas- Algunos terrícolas- Voz fuerte- Vuelo ondulado- Tamborean- Nido en huecos de árboles o barrancas- Varios huevos blancos, brillantes-Cabeza grande- **Pico fuerte, recto y agudo**- Cola rígida, que usan para apoyarse - Tarsos cortos - 2 dedos hacia delante y 2 hacia atrás - ♂ y ♀ apenas distintos.

Orden Passeriformes

Fam. FURNARIIDAE: **Horneros**, camineras, remolineras, canasteros (Horneros, miners, cinclodes, canasteros) - 33 especies en Patagonia (26 tratadas, N°s 164 a 189) - Vuelo débil- Voces fuertes, poco melodiosas, a veces a dúo- A menudo grandes **nidos cerrados de palitos**- También en cuevas y huecos – 2 a 5 huevos blancos – **Coloración modesta, a menudo parda** – **Pico fino, sin gancho en la punta**- Alas cortas y redondeadas - ♂ y ♀ semejantes.

Fam. RHINOCRYPTIDAE: **Gallitos**, churrines, chucaos (Gallitos, tapaculos) - 6 especies en Patagonia (N°s 190 a 195) – Terrícolas- A veces **ocultos**- Corren rápido- **Voces fuertes**- Nido a baja altura - 2 ó 3 huevos blancos- Cuerpo robusto- Cabeza grande- Alas cortas- **Cola erecta, a menudo inclinada sobre el dorso**- Tarsos largos - ♂ y ♀ semejantes.

Fam. TYRANNIDAE: **Viuditas**, gauchos, monjitas, dormilonas, fiofíos, benteveos (Monjitas, tyrants, elaenias, flycatchers) - 37 especies en Patagonia (32 tratadas, N°s 196 a 227) - Suelen cazar en vuelo elástico (vuelven a su percha) – Algunos agresivos- Voces, nidos y huevos variados- - **Pico** a menudo fino, **con "cerdas" en la base y gancho en la punta** -Alas y tarsos largos - ♂ y ♀ generalmente semejantes.

Fam. PHYTOTOMIDAE: **Cortarramas,** quejones (Plantcutters) - 2 especies en Patagonia (N°s 228 y 229) - **Voz ronca, como balido**- Comen brotes- Desplazamientos estacionales –Nido en arbustos a baja altura- 2 a 4 huevos verdosos, manchados- Parecen semilleros (Emberizidae) - **Pico corto, grueso con bordes aserrados-** Alas cortas y redondeadas- ♂ y ♀ distintos.

Fam. HIRUNDINIDAE: **Golondrinas** (Swallows) – 8 especies en Patagonia (5 tratadas, N°s 230 a 234) - **Vuelo rápido, ágil, con mucho planeo - Gregarias**- Beben en vuelo- Se asientan en cables y alambrados- Mayormente migradoras - Nido en huecos, a veces en colonia – Varios huevos blancos o poco manchados - **Cuello, pico y patas cortos**- Alas largas y agudas- ♂ y ♀ a menudo semejantes.

Fam. TROGLODYTIDAE: **Ratonas** (Wrens) – 2 especies en Patagonia (N°s 235 y 236) – Inquietas- Vuelo corto- Canto variado- Anidan en huecos- Varios huevos manchados (235, nido cerrado, en pajonales, huevos blancos) – **Pequeñas**- Coloración modesta- **Pico fino**, más bien largo y algo curvo- Alas redondeadas- **Cola corta, erecta**- Tarsos y dedos robustos - ♂ y ♀ semejantes.

Fam. TURDIDAE: **Zorzales** (Thrushes) – 3 especies en Patagonia (2 tratadas, N°s 237 y 238) - Más bien terrícolas- **Balancean la cola** con las alas caídas- Canto melodioso- No imitan- Nido semiesférico, de barro y vegetales- 3 huevos verdosos, manchados - Recuerdan calandrias y gauchos- Más ocultos- Pico casi recto - Alas largas y agudas- Tarsos fuertes- ♂ y ♀ a menudo semejantes.

Fam. MIMIDAE: **Calandrias** (Mockingbirds) – 3 especies en Patagonia (N°ˢ 239 a 241) – Conspicuas - Vuelo bajo - Canto melodioso y variado - **Imitan-** Nido semiesférico, a baja altura- 3 a 5 huevos verdosos, manchados- Esbeltas- Pico fino, algo curvo- Alas cortas y redondeadas **- Cola larga**, a menudo erecta - ♂ y ♀ semejantes.

Fam. MOTACILLIDAE: **Cachirlas,** cachilas (Pipits) - 3 especies en Patagonia (N°ˢ 242 a 244) - Confiadas- Terrícolas- Muy **caminadoras-** Miméticas- En época nupcial **se elevan alto**, emitiendo un típico canto y **cayendo en planeo**- Nido en el suelo - 3 ó 4 huevos manchados- Parecidas entre sí – Estriadas - Pico fino y recto - Alas largas y agudas - Cola oscura con timoneras externas claras – **Uña del dedo posterior larga** (salvo 242)- ♂ y ♀ semejantes.

Fam. PLOCEIDAE: **Gorriones** (House Sparrows) – 1 especie (exótica) en Patagonia (N° 245) – **Cerca del hombre** – Atrevidos – Bullangueros – Gregarios - Más bien terrícolas - Nido en huecos diversos, también en árboles – Varios huevos manchados - **Pico corto, robusto y cónico-** ♂ y ♀ distintos.

Fam. THRAUPIDAE: **Naranjeros** (Tanagers) – 1 especie en Patagonia (N° 246) - Arborícolas- Gregarios - Voces melodiosas – **Frugívoros** - Nido en árboles – 2 a 4 huevos manchados- **Plumaje vistoso – Pico más bien robusto y cónico** - Alas agudas - ♂ y ♀ distintos.

Fam. EMBERIZIDAE: **Cardenales,** jilgueros, yales, chingolos, monteritas, diucas (Cardenals, finches) - 24 especies en Patagonia (19 tratadas, N°ˢ 247 a 265) - Más bien **granívoros - Gregarios- Canto agradable** y variado - Huevos blancos o manchados - **Pico robusto, corto y cónico** - ♂ y ♀ generalmente distintos - ♂ plumajes vistosos.

Fam. FRINGILLIDAE: **Cabecitanegras** (Siskins) – 4 especies en Patagonia (2 tratadas, N°ˢ 266 y 267) - **Gregarios-** Bullangueros- **Canto fino y agradable-** Suelen colgarse de gramíneas para comer sus semillas- Nido en árboles - 2 a 4 huevos – Pequeños - Recuerdan semilleros (Emberizidae) - Pico algo más largo y agudo - Plumaje vistoso - ♂ y ♀ distintos.

Fam. ICTERIDAE: **Tordos**, varilleros (Cowbirds, blackbirds) - 7 especies en Patagonia (6 tratadas, N°ˢ 268 a 273) - A menudo **gregarios** y bullangueros – Activos - Nido variable - Algunos crían en colonia y otros son parásitos – Varios huevos manchados - Plumaje vistoso, más bien negro - **Pico cónico, recto y agudo**, en general largo - Tarsos y dedos robustos - ♀ algo menor.

SÍMBOLOS Y ABREVIATURAS UTILIZADOS

♂:	macho
♀:	hembra
♂♂:	machos
♀♀:	hembras
J:	Joven
PN:	Plumaje nupcial
PI:	Plumaje invernal o de reposo sexual
(I), (II), (III), (IV):	Indica, en orden creciente, la mayor probabilidad de observación.
En **negrita**:	Señálese así lo más resaltante o característico de una especie. La información que debe ser tenida más en cuenta.
(I):	Especie con cierto grado de peligro en la Patagonia
(I):	Especies con peligro de extinción en la Patagonia.
N, S, E, O, NO, NE, SO, SE:	puntos cardinales
B. Aires:	Buenos Aires
R. Negro:	Río Negro
S. Cruz:	Santa Cruz
T. del Fuego:	Tierra del Fuego
Fam.	Familia taxonómica
:	Nido (ubicado a la derecha del nombre vulgar), significa que la especie nidifica en la Patagonia. Su ausencia implica que es migratorio.
:	Representa nuestra duda acerca de si cría en el área.

En los mapas se excluye la distribución fuera de Patagonia y Tierra del Fuego.
El rojo pleno indica el área de más probable hallazgo de la especie. Una ampliación del área, de tono más pálido, implica presencia dudosa o accidental. La misma coloración, incluyendo una flecha, señala que la especie migra. La dirección de la flecha señala el sentido de la migración.

Familia: Spheniscidae

PINGÜINOS: Pelágicos. (No vuelan). Alas modificadas en aletas.

1) PINGÜINO REY

(King Penguin)

Aptenodytes patagonica
75 cm. **Grande**. Capuchón negruzco.
"Orejeras", base del pico y garganta,
anaranjados. Dorso gris azulado. Parte ventral blanca. Desde el SE alcanza las costas patagónicas (I) y fueguinas II

El Pingüino Emperador, *Aptenodytes forsteri*, parecido, mayor y menos colorido, llega rara vez a la costa.

2) PINGÜINO FRENTE DORADA

(Macaroni Penguin)

Eudyptes chrysolophus
45 cm. **Dorado en la frente, que continúa como penacho**. Grueso pico rojo oscuro con pequeña **área triangular rosácea** en la base. Ojo rojo. Capuchón negro terminado en "pico" hacia el pecho. Dorso negro, parte ventral blanca. Desde el S alcanza las costas patagónicas y fueguinas (I)

3) PINGÜINO PENACHO AMARILLO

(Rockhopper Penguin)

Eudyptes chrysocome
40 cm. Parecido al anterior. Leve copete. **Ceja amarilla (no unida en la frente) que continúa como penacho**. Capuchón negro que termina redondeado hacia el pecho (no en "pico" como en 2). Ojo rojo. Pico más naranjado. Habita costas de mar patagónicas (II) y fueguinas (III). En otoño parte de la población se desplaza al N.

4) PINGÜINO PATAGÓNICO

(Magellanic Penguin)

Spheniscus magellanicus
44 cm. Dorso negro. Cara negra rodeada de blanco. **Dos collares negros**. Resto de la parte ventral blanca. Pico y patas negruzcas. Cría en colonias en diversos puntos de la costa patagónica (IV) y fueguina (III). En otoño se interna en el mar.

Tres especies más de pingüinos, del género *Pygoscelis*, suelen alcanzar la costa fueguina: *P.antarctica*, *P. adeliae* y *P. papua*.

Familia: Rheidae

ÑANDÚ Y CHOIQUE: (No vuelan). Enormes. Patas y cuello largos.

5) ÑANDÚ
(Greater Rhea)

Rhea americana
♂:1,50m. ♀: 1,30 m. Muy grande. Se suele ver en grupos. Huye velozmente. Cuerpo grande con cuello y patas largas. Cabeza pequeña. **Plumaje gris ceniciento, uniforme.** ♂: corona, base del cuello y pecho, negros. Habita estepas arbustivas y áreas rurales en el N patagónico   (II)

6) CHOIQUE
(Lesser Rhea)

Pterocnemia pennata
1,10 m. Aspecto y comportamiento similares al anterior. Corre con el cuello más horizontal. **Plumaje gris pardusco punteado de blanco.**
Habita estepas patagónicas arbustivas y herbáceas (II). Introducido en T. del Fuego   (I)

40

Familia: Tinamidae

INAMBÚES O "PERDICES": Cola corta.

7) INAMBÚ COMÚN

(Spotted Nothura) *Nothura maculosa*

25 cm. Ruidoso y súbito vuelo, bajo (no largo). Silbos que aceleran al final. **Plumaje "aperdizado",** ocre acanelado, estriado de negro y blanco. Vientre liso. Las plumas más externas del ala (**remeras**) están **manchadas** de ambos lados (ver ejemplares muertos en rutas). Habita estepas arbustivas y áreas rurales en el N patagónico   (II)

El Inambú Montaraz, *Nothoprocta cinerascens,* mayor y de copete negruzco, alcanza el NE patagónico.

8) INAMBÚ PÁLIDO

(Darwin's Nothura) *Nothura darwinii*

22 cm. Parecido al anterior. Más petiso y pálido. Silbos acelerados seguidos de otros aflautados, a la inversa de 7). Estriado del pecho más notable. La parte interna de las plumas externas del ala (**remeras**) **no** están **manchadas** (ver ejemplares muertos en rutas). Habita estepas arbustivas en el NE patagónico   (II)

9) MARTINETA COMÚN

(Elegant Crested-Tinamou) *Eudromia elegans*

39 cm. A menudo en grupos familiares (los jóvenes son menores). Esbelta. **Largo** y fino **copete** erecto. **Bataraz.** Dos líneas blancas bajan por el cuello. Garganta blanca. Parte ventral ocrácea barrada de negro. Habita estepas arbustivas, más bien hacia el N patagónico.   (III)

10) QUIULA PATAGÓNICA

(Patagonian Tinamou) *Tinamotis ingoufi*

35 cm. En grupos. Más robusta que la anterior. (Sin copete). Plumaje "aperdizado". Tres **líneas blancas en la cabeza y el cuello,** muy notables. **Dorso canela.** Plumas externas del ala (**remeras**) **rojizas.** Piernas y vientre canelas. Habita peladares en áreas arbustivas y herbáceas del centro y S patagónicos.   (I)

La Colorada, *Rhynchotus rufescens,* también de remeras rojizas, desde el N alcanza áreas cultivadas en el NE patagónico (sin líneas blancas en cabeza y cuello).

Familia: Podicipedidae

MACÁES: Buceadores. Pico cónico. 4 dedos lobulados.

11) MACÁ COMÚN

(White-tufted Grebe)

Podiceps rolland
23 cm. El más pequeño. Leve copete. Cabeza, cuello y dorso, **negro. Flancos rojizos. Mechón blanco en la cara.** Ojos rojos. En invierno coloración más apagada.
Habita ambientes acuáticos patagónicos y fueguinos   (II)

12) MACÁ PLATEADO

(Silvery Grebe)

Podiceps occipitalis
25 cm. A menudo en grupos numerosos. **Blanco.** Cabeza y dorso grises. Nuca negra. **Mechón amarillo en la cara.** Ojos rojos.
Habita ambientes acuáticos, a veces costas de mar, en Patagonia (III) y T. del Fuego (II)(PN Laguna Blanca, Neuquén).

13) MACÁ TOBIANO

(Hooded Grebe)

Podiceps gallardoi
28 cm. Recuerda al anterior. **Blanco, incluso la frente.** Cabeza negra con **mechón frontal rojizo.** Dorso negruzco. Ojos rojos.
Habita lagunas con vinagrilla en el SO patagónico y en T. del Fuego chilena. En invierno registrado en la costa marina de S. Cruz.

14) MACÁ PICO GRUESO

(Pied-billed Grebe)

Podilymbus podiceps
28 cm. Aspecto más compacto que otros. Bucea más a menudo. (Sin penacho ni copete). **Gris oscuro.** Garganta negra. **Pico grueso,** blancuzco **con un anilllo negro en el medio.** (En invierno sin negro en la garganta ni anillo en el pico).
Habita ambientes acuáticos patagónicos   (II)

15) MACÁ GRANDE

(Great Grebe)

Podiceps major

44 cm. **El mayor** de los macáes. Melancólico y sonoro *uaaaa..*, incluso de noche. A menudo descansa con el largo **cuello marrón rojizo** recostado sobre la espalda. Leve copete. **Pico largo y agudo**. En invierno coloración más apagada.

Habita ambientes acuáticos, incluso costas de mar, en Patagonia y T. del Fuego   (II)

AVES MARINAS (N° 16 a 26): En general pelágicas. A veces se las halla muertas en playas. Las tratadas suelen verse más a menudo que otras, desde la costa. Una lista de las restantes aves marinas figura en la pág. 111 (En total 29 especies).

Familia: Diomedeidae

16) ALBATROS CEJA NEGRA

(Black-browed Albatross)

Diomedea melanophrys

Envergadura alar 2,20 m. De gran tamaño (hay albatros mayores). Planea bajo, cerca del agua. Parte superior de las alas y cola negras. **Parte inferior de las alas: blanca bordeada de negro**. Mancha ocular negra, como ceja.

Parte ventral blanca. **Pico amarillo**.

Habita el mar austral   (III)

17) ALBATROS MANTO CLARO

(Light-mantled Albatross)   *Phoebetria palpebrata*

Envergadura alar 2,10 m. **Negruzco**, con partes dorsal y ventral grises oscuras. **Pico negro** con línea celeste.

Habita el mar austral   (II)

Familia: Procellariidae

18) PETREL GIGANTE COMÚN

(Southern Giant Petrel)   *Macronectes giganteus*

Envergadura alar 2,15 m. Recuerda al anterior. Aletea más. Bastante nadador. Atrevido. A menudo en playas y puertos. Suele asentarse en la costa. **Gris pardusco oscuro**. A menudo blancuzco en la cabeza. **Grueso pico amarillento**. Habita el mar austral   (IV)

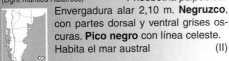

43

19) PETREL BARBA BLANCA

(White-chinned Petrel)　　　*Procellaria aequinoctialis*

50 cm. Envergadura alar 1,35 m. De vuelo bajo y rápido. Más oscuro y menor que el anterior. **Negruzco. Mancha blanca en la garganta. Pico color marfil.**
Habita el mar austral　　　　　　(II)

20) PARDELA OSCURA

(Sooty Shearwater)　　　　　*Puffinus griseus*

45 cm. Envergadura alar 95 cm. En bandadas que suelen describir espirales en sus elevaciones y caídas hasta el agua. Recuerda al anterior. Negruzco. **Parte inferior de las alas, blancuzco. Pico** más **fino y negro.**
Habita el mar austral. En otoño se desplaza al N (III)

21) PARDELA CABEZA NEGRA

(Greater Shearwater)　　　　*Puffinus gravis*

44 cm. Envergadura alar 1,10 m. En bandadas. **Corona y cola negras.** Línea blanca en la nuca. Dorso marrón. **Rabadilla blanca.** Parte ventral blanca, bordeada de negro en las alas.
Habita el mar austral　　　　　　(II)

22) PETREL DAMERO

(Cape Petrel)　　　　　　　　*Daption capense*

35 cm. Envergadura alar 90 cm. En grupos. Inconfundible. Cabeza negra. **Parte superior de las alas con llamativo diseño blanco y negro.** Parte ventral blanca. Cola blanca con punta negra.
Habita el mar austral　　　　　　(II)

44

23) PETREL PLATEADO

(Southern Fulmar) *Fulmarus glacialoides*

45 cm. Envergadura alar 1,10 m. En grupos. Recuerda a una gaviota (observar los tubos sobre el pico). Cabeza blanca. **Dorso gris**. Parte ventral blanca. **Punta de las alas negras con mancha blanca. Pico rosado con punta negra.**
Habita el mar austral (II)

24) PRIÓN PICO FINO

(Thin-billed Prion) *Pachyptila belcheri*

26 cm. Pequeño. Vuelo ágil. En bandadas. Larga y ancha ceja blanca, con una línea negra debajo. Dorso **gris celeste, con abierta M negruzca en las alas.** Parte ventral blanca. **Cola en cuña con punta negra.** Pico robusto, celeste.
Habita el mar austral (III)

Familia: Hydrobatidae

25) PAÍÑO COMÚN

(Wilson's Storm-Petrel) *Oceanites oceanicus*

18 cm. Envergadura alar 40 cm. Pequeño. Recuerda una golondrina. Bailotea sobre las olas. **Negruzco**, incluso parte inferior de las alas. **Rabadilla blanca.**
Habita el mar austral (II)

Familia: Pelecanoididae

26) YUNCO CEJA BLANCA

(Magellanic Diving-Petrel) *Pelecanoides magellani*

20 cm. Pequeño y rechoncho. Aleteo continuo con poco planeo sobre las olas. Zambulle abruptamente desde cierta altura para emerger volando. Cabeza negra con **ceja** por detrás del ojo **blanca. Dorso negro. Parte ventral blanca.**
Habita el mar austral (II)

Familia: Phalacrocoracidae

CORMORANES (N° 27 a 32): Esbeltos. A veces posados al sol con las alas extendidas. Pico con gancho en la punta.

27) BIGUÁ

(Neotropic Cormorant)   *Phalacrocorax olivaceus*
63 cm. Al levantar vuelo carretea sobre el agua. **Negruzco**, con leve brillo. Joven: marrón.
Habita ambientes acuáticos, incluso costas de mar, en Patagonia y T. del Fuego   (III)

28) CORMORÁN GRIS

(Red-legged Cormorant)   *Phalacrocorax gaimardi*
50 cm. Inconfundible. **Gris oscuro**. **Área blanca en el cuello**. Parte superior de las alas con manchitas plateadas. **Pico amarillo** con base roja. Notables **patas rojas**.
Habita costas de mar en el S patagónico. (Monte León, S.Cruz).

29) CORMORÁN CUELLO NEGRO

(Rock Cormorant)   *Phalacrocorax magellanicus*
57 cm. Al igual que en 30), 31) y 32), dorso negro y parte ventral blanca. **Cuello negro**. A menudo, mancha blanca en la garganta. **Ojo y área alrededor del mismo, rojos**. Pico negruzco.
Habita costas de mar patagónicas y fueguinas También en el lago Fagnano (T. del Fuego).   (II)

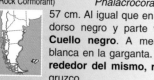

30) GUANAY

(Guanay Cormorant) *Phalacrocorax bougainvillii*

62 cm. Parecido al anterior. **Alargada área blanca en la garganta**, separada de la parte ventral tambien blanca por una banda negra. **Área alrededor del ojo roja. Ojo verde**. Pico amarillento.

Habita costas de mar patagónicas. (Punta León, Chubut).

31) CORMORÁN REAL

(King Cormorant) *Phalacrocorax albiventer*

60 cm. Parecido a cormoranes 29), 30) y 32). Leve copete, y frente amarilla, ausentes en plumaje invernal. **Mejillas negras. Mancha blanca en la parte superior del ala**, reducida o ausente en plumaje invernal. **Parte ventral**, desde la garganta hasta el vientre, **blanca**. Párpado azul.

Habita costas de mar patagónicas y fueguinas (III)

32) CORMORÁN IMPERIAL

(Blue-eyed Cormorant) *Phalacrocorax atriceps*

60 cm. Muy parecido al anterior. El blanco de la parte ventral avanza sobre la cara en forma de arco **(mejillas blancas). Dorso negro con una mancha blanca**, reducida o ausente en plumaje invernal. Párpado también azul.

Habita costas de mar patagónicas (II) y fueguinas (I), y lagos del NO patagónico (Lago Nahuel Huapi).

Familia: Ardeidae

GARZAS: En vuelo, largo cuello recogido. Pico largo y agudo.

33) GARZA MORA

(White-necked Heron) *Ardea cocoi*

75 cm. Solitaria. Muy **grande**. Pasiva. **Corona negra y resto de la cabeza gris**. La parte ventral blanca con dos líneas negras a lo largo del cuello. Habita ambientes acuáticos y a veces costas de mar en Patagonia (II) y T. del Fuego (I)

La Garcita Azulada, *Butorides striatus*, mucho menor, 34 cm, alcanza el NE patagónico. El Mirasol Común, *Ixobrychus involucris*, menor aún, 28 cm, y muy estriado, llega al N patagónico.(Lagunas de Epulafquen, Neuquén).

34) GARZA BLANCA

(Great Egret) *Egretta alba*

65 cm. A veces en grupos con la siguiente. **Totalmente blanca. Pico amarillo. Patas negruzcas.** Habita ambientes acuáticos y a veces costas de mar, en Patagonia (II) y T. del Fuego (I)

35) GARCITA BLANCA

(Snowy Egret) *Egretta thula*

40 cm. Parecida a la anterior. Más **pequeña**. Fino **pico negro. Patas negruzcas con dedos amarillos**. Habita ambientes acuáticos en el N patagónico (I)

36) GARCITA BUEYERA

(Cattle Egret) *Bubulcus ibis*

35 cm. A menudo en bandadas cerca o sobre el ganado. También **blanca**. Parecida a la anterior pero con **pico** más **grueso, amarillo** y los dedos del mismo color de las patas. En primavera áreas **canela en el plumaje**. Habita diversos ambientes, incluso acuáticos, en Patagonia y T. del Fuego (II)

La Cigüeña Americana, *Euxenura maguari* (Fam. Ciconiidae), 85 cm, blanca con alas negras, puede alcanzar el N patagónico.

37) GARZA BRUJA

(Black-crowned Night-Heron)   *Nycticorax nycticorax*

47 cm. A menudo, grupos asentados en arbustos, pajonales o árboles, cerca del agua. Más activa al atardecer. Fuerte *coák*.. en vuelo. Por su cuello corto y grueso **parece encogida**. **Gris. Corona y espalda negras. Joven** (es frecuente verlo): similar al adulto. **Plumaje marrón grisáceo, estriado** y salpicado de blanco. Habita ambientes acuáticos, y a veces costas de mar, en Patagonia y T. del Fuego   (III)

Familia: Threskiornithidae

38) BANDURRIA AUSTRAL

(Black-faced Ibis)   *Theristicus melanopis*

57 cm. Nasal y repetido *clamp*.., como bocina. A menudo en pareja. Camina despacio. Largo pico curvo. **Cabeza y cuello acanelados. Dorso gris**. Mancha blanca en el ala plegada. Lo inferior de las alas y el vientre negros. Patas rojizas. Habita áreas abiertas en el Bosque Araucano y estepas arbustivas patagónicas y fueguinas. En otoño se desplaza al N.   (III)

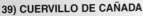

39) CUERVILLO DE CAÑADA

(White-faced Ibis)   *Plegadis chihi*

40 cm. Grupos o bandadas que al volar forman una "V" abierta. Se ve **negruzco**. Leves brillos verdes y violáceos. **Pico largo, curvo** y oscuro. En primavera y verano es más cobrizo. Habita ambientes acuáticos patagónicos y fueguinos   (I)

Familia: Phoenicopteridae

40) FLAMENCO AUSTRAL

(Chilean Flamingo)   *Phoenicopterus chilensis*

70 cm. A menudo grupos en aguas poco profundas. Largas patas. **Rosado. Alas con** rojo y **negro. Pico grueso, como quebrado**, blanco rosado con la punta negra. Joven: blancuzco. Habita ambientes acuáticos salobres, incluso costas de mar, en Patagonia (III) y T. del Fuego (II)(PN Laguna Blanca, Neuquén).

La Espátula Rosada, *Ajaia ajaja* (Fam. Threskiornithidae) parecida, menor, 55 cm (sin negro en las alas) posee pico largo y aplanado y puede alcanzar la Patagonia.

49

Familia: Anatidae

41) COSCOROBA

(Coscoroba Swan) *Coscoroba coscoroba*

65 cm. A menudo en parejas. Grito *kokkoró..* Parece un cisne **blanco. Pico rojo.** En vuelo se ven negras las puntas de las alas.
Habita ambientes acuáticos patagónicos y fueguinos (II)

42) CISNE CUELLO NEGRO

(Black-necked Swan) *Cygnus melancoryphus*

80 cm. A menudo en grupos. **Blanco** con **cabeza y** largo **cuello negros.** Habita ambientes acuáticos, incluso costas de mar, en Patagonia y T. del Fuego (PN Laguna Blanca, Neuquén). En otoño se desplaza al N. (III)

43) PATO CRESTÓN

(Crested Duck) *Lophonetta specularioides*

42 cm. Arisco. Cola aguda. **Pardusco.** Corona y **leve copete nucal,** oscuros. En vuelo: ver área morada brillante y blanco en las alas. Ojo rojo.
Habita ambientes acuáticos, incluso costas de mar, en Patagonia (III) y T.
del Fuego (IV)

44) PATO DE TORRENTE

(Torrent Duck) *Merganetta armata*

30 cm. Nada y zambulle contra la corriente en **rápidos.** Se posa estático en piedras emergentes. Vuela bajo, siguiendo cursos de agua. Llamativo. Esbelto. Cola rígida. ♂: **Cabeza y cuello blancos con líneas negras.**
Dorso negruzco con rayas blancas. Pecho negro y resto de la parte ventral, canela estriado de negro. **Pico rojo.** ♀: corona gris y **parte ventral canela rojizo.**
Habita ríos y arroyos correntosos en el O patagónico y fueguino. (II)

CAUQUENES Y CARANCA: Parecen gansos. Se paran erguidos. En parejas o grupos. Caminan pausadamente. Pico corto. Notable diseño alar blanco y oscuro, visible en vuelo. Cola negra (salvo 45).

45) CARANCA

(Kelp Goose)   *Chloephaga hybrida*

52 cm. Parejas. ♂ : **blanco** con pico negro y patas amarillas. ♀ : recuerda a ♀ de 46). **Área alrededor del ojo y cola blancas.** Parte ventral barrada de blanco, marrón y negro.

Habita costas de mar fueguinas (IV) y del S patagónico (II). En otoño algo más al N.

46) CAUQUÉN COMÚN

(Upland Goose)   *Chloephaga picta*

54 cm. A menudo en grupos cerca del agua. ♂ : **blanco, con dorso barrado de negro.** Pico y patas negros. ♀ : marrón. Dorso y parte ventral barrados de negro. Patas anaranjadas.

Habita estepas herbáceas, a menudo cerca del agua, en Patagonia y T. del Fuego. En otoño se desplaza al N.   (IV)

47) CAUQUÉN REAL

(Ashy-headed Goose)   *Chloephaga poliocephala*

53 cm. Recuerda a la ♀ del anterior. En parejas o grupos. A veces posado en ramas. **Cabeza y cuellos grises.** Dorso y pecho rojizos barrados de oscuro. Vientre blanco.

Habita cercanías del Bosque Araucano (no lejos del agua). En otoño se desplaza al N.   (II)

48) CAUQUÉN COLORADO

(Ruddy-headed Goose)   *Chloephaga rubidiceps*

50 cm. Parecido a la ♀ de 46). Algo **menor. Rojizo**, más aún en cabeza y cuello. Partes dorsal y ventral barradas de negro. Patas anaranjadas.

Habita mallines y turbales en el N fueguino y S de S. Cruz. En otoño se desplaza al N. En notable disminución.

49) PATO DE ANTEOJOS

(Spectacled Duck)   *Anas specularis*

40 cm. Solitario o en parejas. Vuela siguiendo cursos de agua cerca del bosque. Marrón negruzco. Dos notables **semicírculos blancos en la cabeza**. En vuelo: leve morado brillante en las alas.
Habita ambientes acuáticos del Bosque Araucano y a veces de la estepa patagónica   (II)

50) PATO OVERO

(Southern Wigeon)   *Anas sibilatrix*

37 cm. A menudo en grupos. Silbo trinado, aún de noche. **Cabeza** y cuello negros **con brillo verde**. Blanco en la frente y la cara. Dorso negro con líneas blancas. **Área blanca en el ala**, visible en vuelo. ♀ : más apagada.
Habita ambientes acuáticos, incluso costas de mar, en Patagonia y T. del Fuego. En otoño se desplaza al N.   (III)

51) PATO MAICERO

(Yellow-billed Pintail)   *Anas georgica*

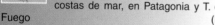

39 cm. **Mayor** que el siguiente. Con cuello más largo y **cola** más **aguda**. Marrón claro. Garganta blancuzca. Dorso estriado. Pico amarillo.
Habita ambientes acuáticos, incluso costas de mar, en Patagonia y T. del Fuego   (IV)

52) PATO BARCINO

(Speckled Teal)   *Anas flavirostris*

33 cm. Parecido al anterior. **Menor**. Cuello y cola más cortos. **Cabeza** más **oscura**. Frente más alta. Pico y coloración similares.
Habita ambientes acuáticos, incluso costas de mar, en Patagonia y T. del Fuego   (III)

53) PATO CUCHARA

(Red Shoveler)

Anas platalea

36 cm. A menudo en parejas. **Pico más largo y ensanchado** que en otros patos. En vuelo gran área alar celeste. ♂: **marrón rojizo**. Cabeza y cuello más pálidos. Pecas negras en el pecho y los flancos. **Ojo blanco**. ♀: más apagada. Ojo oscuro.
Habita ambientes acuáticos, incluso costas de mar, en Patagonia y T. del Fuego   (II)

54) PATO COLORADO

(Cinnamon Teal)

Anas cyanoptera

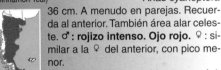

36 cm. A menudo en parejas. Recuerda al anterior. También área alar celeste. ♂: **rojizo intenso. Ojo rojo**. ♀: similar a la ♀ del anterior, con pico menor.
Habita ambientes acuáticos patagónicos y fueguinos   (II)

55) PATO GARGANTILLA

(White-cheeked Pintail)

Anas bahamensis

35 cm. Recuerda a 51). Acanelado. **Cara y garganta blancas**. Dorso estriado. Zona alar verde brillante y marrón, visible en vuelo. Pico gris con área roja.
Habita ambientes acuáticos, incluso costas de mar, en Patagonia (II) y T. del Fuego (I)

56) PATO CAPUCHINO

(Silver Teal)

Anas versicolor

31 cm. Pequeño. **Capuchón marrón oscuro**. Dorso manchado de negruzco. Flancos punteados y barrados con la parte posterior plateada. Zona alar verde brillante y blanca visible en vuelo. **Pico azul y amarillo**.
Habita ambientes acuáticos patagónicos y fueguinos   (II)

QUETROS: (No vuelan, salvo 58), aunque suelen intentarlo. Nadan y zambullen. Corren sobre el agua pataleando y agitando las alas. Pasivos. Indistinguibles entre sí. Robustos. Cabezones. Pico alto y ancho. Diseño escamado. Grises. Zona alar y vientre, blancos. Patas anaranjadas.

57) QUETRO AUSTRAL

(Flightless Steamer-Duck) *Tachyeres pteneres*

80 cm. Pico amarillo anaranjado en época nupcial, a diferencia de la ♀ de 58).

Habita **costas de mar fueguinas** (III)

58) QUETRO VOLADOR

(Flying Steamer-Duck) *Tachyeres patachonicus*

65 cm. A menudo en parejas. El menor de los quetros y el único que **puede volar**. Alas largas. En época nupcial pico amarillo anaranjado en el ♂ y grisáceo en la ♀. En plumaje invernal, ♀ con cabeza marrón y delgada e interrumpida línea blanca detrás del ojo, que la diferencia de la ♀ de 59).
Habita **lagos, lagunas y ríos** patagónicos (II) y fueguinos (III). A veces en costas de mar.

59) QUETRO CABEZA BLANCA

(Chubut Steamer-Duck) *Tachyeres leucocephalus*

80 cm. En época nupcial pico amarillo en ♂ y grisáceo en ♀. En plumaje invernal, o con cabeza marrón y faja completa detrás del ojo. ♂: cabeza blancuzca.
Prácticamente el único en **costas de mar en Chubut** (II)

60) PATO PICAZO

(Rosy-billed Pochard) *Netta peposaca*

43 cm. Más bien grande. Ancha **franja blanca en lo posterior del ala**, visible en vuelo. ♂ : **negro** con brillo. Flancos grises. Notable **carúncula roja** en la base del **pico rosado**. ♀ : marrón. Pico negruzco.
Habita ambientes acuáticos patagónicos y fueguinos (I)

61) PATO ZAMBULLIDOR GRANDE

(Andean Ruddy Duck) *Oxyura ferruginea*

37 cm. Parejas. Suele elevar la cola. Bucea a menudo. Vuela poco. Parecido a 62). **Mayor. Pico ancho en la punta.** ♂ : rojizo. Capuchón negro. **Pico celeste**. ♀ : marrón con pico oscuro.
Habita ambientes acuáticos en el O patagónico (II) y fueguino (I)

62) PATO ZAMBULLIDOR CHICO

(Lake Duck) *Oxyura vittata*

31 cm. Comportamiento similar al anterior. Menor. **Pico angosto en la punta**. ♂ : similar al ♂ del anterior. ♀ : marrón con una **línea debajo del ojo, y la garganta, blancuzcas**. Pico oscuro.
Habita ambientes acuáticos patagónicos (II) y fueguinos (I).

63) PATO CABEZA NEGRA

(Black-headed Duck) *Heteronetta atricapilla*

34 cm. A menudo oculto entre la vegetación acuática. Recuerda a 61) (cola no visible). Marrón. Dorso más oscuro. ♂ : **cabeza negra**. Mancha roja en la base del pico oscuro y delgado. (♀ : más apagada, sin negro en cabeza).
Habita ambientes acuáticos en el N patagónico (I)

Familia: Cathartidae

64) CÓNDOR ANDINO
(Andean Condor)   *Vultur gryphus*

95 cm. **Envergadura alar 3 m**. Planea a gran altura con las alas horizontales y las plumas de las puntas (remeras) separadas, como dedos. Negro. ♂: cabeza rojiza con cresta carnosa. **Collar y amplia área en la parte superior de las alas, blancos**. (♀ : menor y sin cresta). Habita la cordillera patagónica y fueguina.   (II)

65) JOTE CABEZA COLORADA
(Turkey Vulture)   *Cathartes aura*

55 cm. Envergadura alar 1,75 m. A menudo en grupos volando en círculos a gran altura. **Planeo con las alas formando una V abierta**. Negro. **Cabeza y cuello rojizos**. En vuelo, **la mitad de lo inferior de las alas se ve blanca**. Habita estepas arbustivas patagónicas y fueguinas. En otoño se desplaza al N.   (III)

66) JOTE CABEZA NEGRA
(Black Vulture)   *Coragyps atratus*

53 cm. Envergadura alar 1,40 m. Más confiado que el anterior. Grupos volando o asentados en árboles. Aletea más a menudo y con fuerza. En planeo lleva las alas más horizontales. Cola corta. Negro. **Cabeza negruzca**. Notable **mancha blanca casi en la punta de las alas**. Habita estepas arbustivas, arboledas y también basurales en el N y centro patagónicos   (II)

Familia: Accipitridae

67) ÁGUILA MORA
(Black-chested Buzzard-Eagle) *Geranoaetus melanoleucus*

♂ : 60 cm. ♀ : 70 cm. Planea alto. Se posa en postes o paredones. **Silueta en vuelo: triangular** por alas largas y anchas, y cola corta. Cabeza, **pecho** y dorso, **gris oscuro. Parte inferior de las alas y vientre blancos**. Joven (se ve a menudo): cola muy barrada. Parte ventral acanelada, estriada y barrada de marrón. Habita estepas arbustivas y cercanías del Bosque Araucano en Patagonia y T. del Fuego   (IV)

68) ESPARVERO VARIADO

(Bicolored Hawk)   *Accipiter bicolor*

♂ : 32 cm. ♀ : 40 cm. Desconfiado. Vuela rápido entre árboles. Alas cortas y redondeadas. Cabeza y dorso marrón negruzcos. **Parte ventral: gris ondeada de marrón y blanco. Piernas emplumadas rojizas.** Larga cola barrada. Joven: marrón, con nuca blanca y la parte ventral manchada. Piernas manchadas de rojizo.
Habita el Bosque Araucano   (II)

69) GAVILÁN MIXTO

(Bay-winged Hawk)   *Parabuteo unicinctus*

♂ : 46 cm. ♀ : 54 cm. Solitario o en parejas. Planea alto. Se posa en árboles. Negruzco. **Hombros**, parte inferior de las alas **y piernas rojizas. Larga cola** negra **con base blanca.** Joven: marrón estriado. Ancha ceja. Parte inferior de la cola barrada.
Habita arboledas y estepas arbustivas en el N patagónico   (II)

70) GAVILÁN PLANEADOR

(Long-winged Harrier)   *Circus buffoni*

Planea bajo con las largas alas algo elevadas y las plumas de las puntas separadas. ♂ : **50 cm. Cabeza y dorso negros. Parte ventral blanca** (hay individuos casi negros). Rabadilla blanca. ♀ : 55 cm. Marrón con la parte ventral levemente estriada.
Habita ambientes acuáticos y áreas rurales en el N patagónico   (I).

71) GAVILÁN CENICIENTO

(Cinereous Harrier)   *Circus cinereus*

♂ : **40 cm.** Parecido al anterior en aspecto y comportamiento. **Gris.** También rabadilla blanca. En vuelo ver la **parte superior de las alas grises con borde negro.** Parte ventral barrada de marrón. ♀ : 48 cm. Recuerda a la ♀ del anterior. Parte ventral barrada de marrón rojizo. Cola gris barrada de negruzco. Habita ambientes acuáticos y estepas arbustivas en Patagonia (III) y T. del Fuego   (II)

AGUILUCHOS: Robustos, alas y cola anchas.(Los plumajes juveniles no se describen por su diversidad y las dificultades de identificación a campo).

72) AGUILUCHO COMÚN

(Red-backed Hawk) *Buteo polyosoma*

♂ : 44 cm. ♀ : 52 cm. A menudo en postes o planeando en círculos. **Cola blanca con faja negra.(Las alas no sobrepasan** la cola cuando está posado). Tiene varias fases. **Espalda gris y parte ventral blanca** (o todo plomizo o dorso rojizo con vientre barrado o con pecho gris y vientre rojizo, etc.). Habita estepas arbustivas y cercanías del Bosque Araucano en Patagonia (III) y T. del Fuego (II). En otoño parte de la población se desplaza al N.

73) AGUILUCHO ALAS LARGAS

(White-tailed Hawk) *Buteo albicaudatus*

♂ : 48 cm. ♀ : 58 cm. Parecido al anterior. **Cola** similar **que,** asentado**, las alas sobrepasan**. Capuchón y dorso negruzcos. **Garganta negra** con centro blanco. Parte ventral blanca. **Hombros rojizos** (o todo negro).
Habita diversos ambientes en el N patagónico (II)

74) AGUILUCHO COLA ROJIZA

(Rufous-tailed Hawk) *Buteo ventralis*

♂ : 45 cm. ♀ : 53 cm. Dorso negruzco. Parte ventral blancuzca, estriada y manchada de canela. **Cola** por arriba **rojiza con muchas barras angostas negras** (o todo negro).
Habita el **Bosque Araucano.** ①

75) AGUILUCHO ANDINO

(White-throated Hawk) *Buteo albigula*

♂ : 38 cm. ♀ : 41 cm. **Menor** que otros aguiluchos. Dorso marrón oscuro. **Garganta blanca. Parte ventral estriada de oscuro. Estriado rojizo en los flancos**. Cola con fino barrado. Habita el **Bosque Araucano** en Patagonia. ①

76) MILANO BLANCO

(White-tailed Kite)   *Elanus leucurus*

35 cm. Suele mantenerse aleteando en un punto en el aire. Alas angostas y puntiagudas y cola larga, que recuerdan las de un halcón. **Blanco**. Dorso gris. Hombros negros. Habita áreas rurales, estepas arbustivas y arboledas en el N patagónico   (II)

Familia: Falconidae

HALCONES: Vuelo rápido. Pico con borde dentado. Alas agudas.

77) HALCÓN PEREGRINO

(Peregrine Falcon)   *Falco peregrinus*

♂ : 37 cm. ♀ : 42. Caza aves en vuelo, con rápidas picadas. Se posa en lugares altos. **Robusto. Cabeza negra**. Dorso gris plomizo. **Cola en cuña** con barras grises y negras. Parte ventral ocrácea estriada de oscuro. Existe una fase clara. Habita estepas y costas de mar en Patagonia y T. del Fuego   (III)

78) HALCÓN PLOMIZO

(Aplomado Falcon)   *Falco femoralis*

♂ : 33 cm. ♀ : 38. Caza en vuelo. Esbelto. Corona, patilla y bigotes, negros, con **vincha ocrácea**. Mejillas y garganta blancuzcas. Dorso gris plomizo. Pecho algo estriado de oscuro. **Chaleco negruzco**. Vientre y piernas canelas. **Larga cola negra, con barras blancas**. Habita estepas arbustivas, arboledas y áreas rurales en Patagonia (II) y T. del Fuego (I)

79) HALCONCITO COLORADO

(American Kestrel)   *Falco sparverius*

Visible en postes y arbustos. Confiado. Suele mantenerse en un punto en el aire. ♂ : 25 cm. Corona y alas, gris plomizo. Bigote y patilla negros. **Espalda y cola rojizas**. Parte ventral goteada de negro. ♀ : 28 cm: **dorso y alas rojizas**, con barras negras. **Parte ventral estriada** de oscuro. Habita estepas arbustivas, arboledas y áreas rurales en Patagonia y T. del Fuego   (IV)

El Halconcito Gris, *Spiziapteryx circumcinctus*, parecido pero con rabadilla blanca (sin rojizo) habita los bosques del NE patagónico y fue citado para S. Cruz.

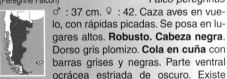

MATAMICOS, CARANCHO Y CHIMANGO: Comen restos de animales muertos. A menudo en el suelo. Poseen leve copete (salvo 83). Alas largas y redondeadas en la punta.

80) MATAMICO BLANCO

(White-throated Caracara) *Polyborus albogularis*

47 cm. Desconfiado. Cabeza negra con cara amarilla. Dorso negro. **Parte ventral, blanca. Rabadilla** y punta de la cola, **blanco**. Blanco y negro debajo del ala. **Joven:** marrón. Mancha detrás del ojo negruzca. **Corona, cuello y pecho estriados de ocre.** Habita el Bosque Araucano y cercanías (Lago Belgrano, S. Cruz).

(II)

El Matamico Andino, *Polyborus megalopterus*, parecido pero con pecho negro, suele alcanzar el NO patagónico. (Copahue, Neuquén).

81) MATAMICO GRANDE

(Striated Caracara) *Polyborus australis*

55 cm. Muy confiado. Curiosea. Ronco *kaa..* **Negro. Fino estriado blanco en cuello y pecho.** Cara anaranjada. **Vientre, parte inferior de las alas y piernas, rojizos.** Punta de la cola blanca. **Joven:** parecido al joven de 80). **Cuello y pecho manchados de canela. Cola rojiza.** Habita cercanías del Bosque Araucano y costas de mar sólo en **T. del Fuego.** (II)

82) CARANCHO

(Crested Caracara) *Polyborus plancus*

55 cm. A menudo en postes al costado de caminos. Gutural *krook..*, con la cabeza volcada hacia atrás. **Corona** y vientre, **negruzco.** Garganta blancuzca. Pecho barrado de negro y blanco. **Cola blancuzca con punta negra.** En vuelo: **mancha blanca hacia la punta de las alas.** Cara rojiza. Habita diversos ambientes patagónicos y fueguinos (III).

83) CHIMANGO

(Chimango Caracara) *Milvago chimango*

37 cm. Grito áspero, fuerte y agudo. Menor que el anterior. (Sin copete). **Marrón.** Parte ventral con leve barrado. Cola blancuzca con leve barrado. En vuelo se ve una **mancha ocrácea hacia la punta de las alas.** Patas blancuzcas. Joven:Patas celestes. Habita diversos ambientes patagónicos y fueguinos (IV).

Familia: Phasianidae (.)

84) CODORNIZ DE CALIFORNIA
(Californian Quail) *Lophortyx californica*

23 cm. Ruidosos grupos compactos. Caminan entre la vegetación. A veces cantando en lo alto de arbustos. Vuelo bajo. Gris plomiza. **Fino y notable copete negro.** Cuello escamado y flancos estriados de blanco. **Babero negro** bordeado de blanco. ♀ : marrón con copete menor y babero estriado. Introducida de Norteamérica. Habita estepas arbustivas y cercanías del Bosque Araucano en el NO patagónico (II)

(.)En Isla Victoria, Neuquén, habita el introducido Faisán Plateado, *Lophura nycthemera*, inconfundible.

Familia: Rostratulidae

85) AGUATERO
(South American Painted-Snipe) *Nycticryphes semicollaris*

17cm. Oculto entre la vegetación. Recuerda una Becasina Común (115), pero vuela recto, corto, bajo y en silencio. **Negruzco. "V" ocrácea en la espalda.** Vientre, ceja y **pecas en el ala, blanco.** Largo **pico curvo en la punta.**(Joven: sin pecas alares). Habita vegetación palustre cerca de lagunas en el N patagónico (I)

Familia: Rallidae

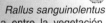

86) GALLINETA COMÚN
(Plumbeous Rail) *Rallus sanguinolentus*

27 cm. Camina entre la vegetación. Algo oculta.Vuela poco. Voz potente y variada. Gris plomiza. Dorso marrón oliváceo. **Pico largo**, delgado, apenas curvo, **verde con manchas roja y celeste en la base.** Patas rojas. Joven: marrón con pico y patas negruzcos. Habita la vegetación cercana a lagunas patagónicas y fueguinas (III)

87) GALLINETA CHICA
(Austral Rail) *Rallus antarcticus*

20 cm. **Dorso marrón manchado de negro.** Leve ceja ocrácea. **Pico** largo y **rojo.** Parte del ala rojiza. Parte ventral plomiza con notables **flancos barrados de negro y blanco.** Habita lagunas con juncales en Patagonia.

61

GALLARETAS: Muy nadadoras. Poco voladoras. A veces caminan, sin alejarse del agua. Parlotean entre los juncos. Pico corto. Parecidas entre sí. Distintivo escudete. Negruzcas. Cabeza y cuello negros. Parte inferior de la cola, blanca. Joven: marrón. Parte ventral manchada de blanco.

88) GALLARETA LIGAS ROJAS

(Red-gartered Coot) *Fulica armillata*

35 cm. A menudo con 89) y 90). **Mancha roja separando pico y escudete** amarillos. **Liga roja** en la pierna, poco visible.

Habita ambientes acuáticos patagónicos (III) y fueguinos (II)

89) GALLARETA CHICA

(White-winged Coot) *Fulica leucoptera*

30 cm. Camina bastante. **La más voladora**, notándose así un angosto borde blanco en el ala. Redondeado **escudete amarillo** o anaranjado (sin rojo).

Habita ambientes acuáticos patagónicos y fueguinos (II)

90) GALLARETA ESCUDETE ROJO

(Red-fronted Coot) *Fulica rufifrons*

32 cm. Más desconfiada y oculta que las anteriores. **Cabeza aguzada**. Lomo recto. **Cola** más larga y erecta **con notable blanco**. **Afinado escudete rojo** que cubre algo del pico amarillo.

Habita ambientes acuáticos patagónicos (II) y fueguinos (I)

91) POLLONA PINTADA

(Spot-flanked Gallinule) *Porphyriops melanops*

20 cm. **Pequeña**. Algo confiada. Nada entre la vegetación con **rítmico cabeceo**. **Gris plomiza**. Frente negra. Dorso marrón. **Pecas blancas en los flancos**. Corto pico verde. Joven: marrón.

Habita ambientes acuáticos en la Patagonia (salvo el S) (I)

Familia: Haematopodidae

OSTREROS: Pico muy largo, rojo. Patas rosáceas.

92) OSTRERO COMÚN
(American Oystercatcher) *Haematopus palliatus*

35 cm. Cabeza, cuello, pecho y cola negros. **Dorso marrón**. Notable **área blanca entre el pecho y el ala plegada**. Resto de la parte ventral blanco. **Párpado rojizo.**
Habita costas de mar patagónicas (III) y fueguinas (I)

93) OSTRERO AUSTRAL
(Magellanic Oystercatcher) *Haematopus leucopodus*

35 cm. Parecido al anterior, con quien suele formar grupos mixtos. **Dorso negro** (no marrón). **Negro del pecho más** redondeado y **extendido** hacia abajo **(sin blanco** entre pecho y ala). **Párpado amarillo.**
Habita costas de mar patagónicas y fueguinas y también **lagunas y estepas** en S. Cruz (III)

94) OSTRERO NEGRO
(Blackish Oystercatcher) *Haematopus ater*

36 cm. Parecido a los anteriores. **Negro**, algo más marrón en la espalda. Párpado rojizo.

Habita costas de mar patagónicas y fueguinas (II)

Los mapas muestran la distribución sólo en Patagonia y Tierra del Fuego.

63

Familia: Recurvirostridae

95) TERO-REAL

(South American Stilt) *Himantopus melanurus*

34 cm. A menudo en grupos. Voz *yep-..yep..*, como el ladrido de un perrito. Muy esbelto. **Dorso negro, parte ventral blanca. Pico largo, fino y recto. Larguísimas patas** rojas. Joven: patas rosadas. Habita ambientes acuáticos en el N y centro patagónicos (I)

Familia: Charadriidae

96) TERO COMÚN

(Southern Lapwing) *Vanellus chilensis*

31cm. A menudo en parejas. **Fuerte**, repetido y ronco *teu..teu..*, incluso de noche. Fino copete en la nuca, poco notable. Brillo verde y morado en las alas. Pecho negro y vientre blanco. Pico, espolones y patas rojos. **En vuelo**, notable **diseño blanco y negro**. Habita diversos ambientes, a menudo cerca del agua, en Patagonia (IV) y T. del Fuego (III)

97) CHORLO ÁRTICO

(Black-bellied Plover) *Pluvialis squatarola*

25 cm. Solitario y desconfiado. Se ve blanco grisáceo. Ceja poco notable. **Axilas negras, notables en vuelo.** Parte ventral y rabadilla, blancas. Cola barrada. **Plumaje nupcial: dorso salpicado de negro y blanco; pecho negro** y vientre blanco. También plumajes intermedios. Migra del Artico. Habita **costas de mar** patagónicas y fueguinas. En otoño vuelve al N. (I)

98) CHORLO PAMPA

(American Golden Plover) *Pluvialis dominica*

22 cm. A menudo en grupos. Confiado. Más **pardusco** que el anterior. **Notable ceja blanca**.(Sin negro en las axilas). Pecho con leve estriado. Resto de la parte ventral, blanco. **Plumaje nupcial** : dorso salpicado de marrón y **dorado, parte ventral negra**. También se ven plumajes intermedios. Migra del Artico. Habita costas de mar, estepas herbáceas y ambientes acuáticos del E patagónico (II) y fueguino (I). En otoño vuelve al N.

PN

PN

99) CHORLO CABEZÓN

(Tawny-throated Dotterel) *Oreopholus ruficollis*

25 cm. Parejas o grupos, caminando. Se para erguido. Corona gris. Ceja blanca. **Dorso acanelado con gruesas estrías negras**. Notable canela en la garganta. Pecho gris y **vientre con mancha negra**. Patas rojizas. Habita estepas herbáceas patagónicas y fueguinas. En otoño se desplaza al N. (II)

CHORLITOS (N° 100 a 102): Parecidos entre sí. Pequeños. Confiados. A menudo cerca del agua. Corren como bolitas y se detienen de golpe. Pico y patas cortas. Dorso marrón. Frente y parte ventral, blancas. Cola corta y negruzca.

100) CHORLITO DOBLE COLLAR

(Two-banded Plover) *Charadrius falklandicus*

16 cm. Repetido *pit..*, en vuelo. **Pecho con dos collares** marrones, el inferior más ancho. Plumaje nupcial: collares, pico y patas negros. Corona y nuca canelas. Habita ambientes acuáticos y costas de mar en Patagonia y T. del Fuego. En otoño se desplaza al N. (III)

101) CHORLITO PALMADO

(Semipalmated Plover) *Charadrius semipalmatus*

14 cm. Repetido *tuiit..* **Pecho con un collar** marrón. **Línea blanca en la nuca**, unida al blanco de lo ventral. **Pico muy corto**. Patas rosadas. Plumaje nupcial: collar negro. Mancha blanca detrás del ojo. Base del pico anaranjada. Migra del Ártico. Habita ambientes acuáticos y costas de mar en Patagonia (salvo el O) y T. del Fuego. En otoño vuelve al N. (I)

102) CHORLITO DE COLLAR

(Collared Plover) *Charadrius collaris*

13 cm. A menudo en parejas. (Sin blanco en la nuca). **Pecho con un collar y línea en el ojo, negros** (aún en plumaje invernal). Mancha canela en la corona. Pico negro. Patas rosadas. Joven: collar y corona marrones. Habita ambientes acuáticos y costas de mar en el N y centro patagónicos (I)

103) CHORLITO PECHO CANELA

(Rufous-chested Dotterel) *Zonibyx modestus*

18 cm. Pasivo. **Dorso y pecho marrones**. Notables **ceja** y resto de lo ventral, **blanco**. **Plumaje nupcial: pecho canela**, separado del vientre blanco por una banda negra. Joven: dorso escamado. (Sin ceja). Habita ambientes acuáticos y costas de mar en Patagonia y T. del Fuego. En otoño se desplaza al N. (II)

El Playero de Rompiente, *Aphriza virgata* (Fam. Scolopacidae), de rabadilla blanca y patas amarillas, suele visitar T. del Fuego en verano.

104) CHORLITO CENICIENTO

(Magellanic Plover) *Pluvianellus socialis*

18 cm. **Escarba.** Gira sobre sí mismo mientras escarba y picotea, al borde del agua. **Dorso y pecho cenicientos**. Banda alar y resto de lo ventral, blancos. **Ojos y patas rojos.** Joven: dorso manchado de blancuzco. Pecho estriado. Ojos y patas anaranjados. Habita ambientes acuáticos, a menudo salobres, y a veces costas de mar en el S patagónico y T. del Fuego. En otoño se desplaza al N. (I)

Familia: Scolopacidae

105) PLAYERITO BLANCO

(Sanderling) *Calidris alba*

17 cm. Acompaña el vaivén de las olas. Suele pararse en una pata. Parecido a 106). Menor. **Blanco**. Dorso gris con manchas negras bordeadas de blanco. **Banda alar blanca**. Alas, **plumas centrales de la cola** y patas **negras**. Migra del Ártico. Habita costas de mar, y ocasionalmente de lagunas, en Patagonia (II) y T. del Fuego (III). En otoño vuelve al N.

106) PLAYERITO ROJIZO

(Red Knot) *Calidris canutus*

22 cm. Grupos junto a otros playeros. Pasivo. Suele descansar con la cabeza sobre el lomo. Prefiere correr a volar. Más rechoncho que 105). **Gris**. Dorso más oscuro. **Flancos barrados.** Ceja, parte ventral y banda alar, blancos. **Patas verdosas.Plumaje nupcial**: dorso manchado de negro, **parte ventral canela**. Migra del Ártico. Habita costas de mar patagónicas (II) y fueguinas (III). En otoño vuelve al N.

107) PITOTOY GRANDE

(Greater Yellowlegs)　　　　*Tringa melanoleuca*

29 cm.Emite varios *tiú*.. Algo menor que el Tero-real(95).A menudo en aguas poco profundas, aprovechando sus **largas patas amarillas**. Mueve la cabeza como saludando. Dorso y pecho, gris pardusco con estrías. Resto de lo ventral y rabadilla, blancos. **Pico** más **largo y robusto** que en el siguiente, **apenas curvo hacia arriba**. Migra del Ártico. Habita ambientes acuáticos y costas de mar en Patagonia y T. del Fuego. En otoño vuelve al N.　　　　(II)

108) PITOTOY CHICO

(Lesser Yellowlegs)　　　　*Tringa flavipes*

23 cm. Muy parecido en aspecto y comportamiento al anterior, con quien suele verse. Menor. **Pico** más **fino**, corto **y recto**. Uno o dos *tiú*.. Migra del Ártico. Habita ambientes acuáticos y costas de mar en Patagonia y T. del Fuego. En otoño vuelve al N.　　　　(II)

El Batitú, *Bartramia longicauda*, de pico corto que habita áreas rurales y suele asentarse en postes, migra del Artico en verano y puede llegar al N patagónico.

109) PLAYERO TRINADOR

(Whimbrel)　　　　*Numenius phaeopus*

36 cm. **Muy grande**. Solitario. Desconfiado. Prefiere caminar a volar. A menudo con el cuello encogido. Serie de 6 ó 7 rápidos *tih*.. Cabeza con fajas negruzcas y blancas. Estriado en dorso y pecho. Resto de lo ventral blancuzco. Cola con leve barrado. **Pico muy largo y curvo**. Migra del Ártico. Habita costas de mar patagónicas (I) y fueguinas (II). En otoño vuelve al N.

110) BECASA DE MAR

(Hudsonian Godwit)　　　　*Limosa haemastica*

33 cm. En aguas poco profundas. Gris pardusca. Ceja, **banda alar y rabadilla blancas**. En vuelo, axilas y cola negras. **Largo pico curvo hacia arriba**. **Plumaje nupcial**: dorso manchado de negruzco, **parte ventral rojiza ondeada de negro**. Migra del Ártico. Habita ambientes acuáticos y costas de mar en Patagonia (II) y T. del Fuego (III). En otoño vuelve al N.

El Playero Ala Blanca, *Catoptrophorus semipalmatus*, de pico recto y banda alar blanca más notable, ha sido citado para T. del Fuego.

PN

111) VUELVEPIEDRAS

(Ruddy Turnstone)   *Arenaria interpres*

21 cm. Desconfiado. Con el pico corto da vuelta piedras y otros objetos en la playa. En vuelo, **inconfundible diseño. Dorso marrón, negro y blanco.** Pecho oscuro con dos manchas redondeadas blancas. Cortas **patas rojas. Plumaje nupcial: rojizo** en vez de marrón **en el dorso.** Migra del Ártico. Habita costas de mar patagónicas y fueguinas.En otoño vuelve al N. (II)

PN

PLAYERITOS: Distintas especies andan juntas, lo que permite comparar detalles. Confiados. Pequeños. Garganta y vientre blancuzcos. Migran del Ártico. En otoño vuelven al N.

112) PLAYERITO PECTORAL

(Pectoral Sandpiper)   *Calidris melanotos*

18 cm. En grupos. Pasivo. Se oculta entre el pasto, mientras estira su cuello algo largo. **Dorso manchado de negro.** Rabadilla y cola con una faja central negra. Ceja blanca. **Pecho estriado, contrastado con el resto de lo ventral. Pico** negro **de base amarilla. Patas amarillentas.** Habita ambientes acuáticos y a veces costas de mar en Patagonia y T. del Fuego (I)

113) PLAYERITO RABADILLA BLANCA

(White-rumped Sandpiper)   *Calidris fuscicollis*

15 cm. A menudo en bandaditas. Activo. Voz en vuelo *yit..yit.*. **Rabadilla blanca**. Más grisáceo que el siguiente.(Pecho estriado, no acanelado) menos contrastado que en 112). Habita ambientes acuáticos y costas de mar en Patagonia y T. del Fuego   (IV)

114) PLAYERITO UNICOLOR

(Baird's Sandpiper)   *Calidris bairdii*

15 cm. Muy parecido al anterior. Voz *krip.*. Más **marrón ocráceo**. Dorso estriado (no manchado como 112). **Rabadilla dividida** por una faja central negra. **Ceja poco notable. Pecho acanelado con leve estriado** y poco contrastado con el resto de lo ventral. Habita ambientes acuáticos y costas de mar en Patagonia (II) y T. del Fuego (III)

115) BECASINA COMÚN

(Common Snipe) *Gallinago gallinago*
23 cm. Aspecto y comportamiento de la siguiente. **Dorso con una V blancuzca** u ocrácea. Cola negra con banda canela. Pecho estriado. Flancos barrados. Resto de lo ventral, blanco. Pico largo aunque algo más corto que en 116). Habita ambientes acuáticos patagónicos (II) y fueguinos (IV)

116) BECASINA GRANDE

(Cordilleran Snipe) *Gallinago stricklandii*
28 cm. Solitaria. Pasiva. Parece agachada. Vuelo sorpresivo. Más rojiza que la anterior. Cola barrada de negro y rojizo. **Parte ventral ocrácea** con notable **estriado** en pecho y barrado en flancos. Pico muy largo y recto. Habita mallines y estepas herbáceas en T. del Fuego y a veces más al N en la cordillera.

Familia: Phalaropodidae

117) FALAROPO COMÚN

(Wilson's Phalarope) *Phalaropus tricolor*
18 cm. Esbelto. A menudo en grupos. Muy nadadores, suelen girar sobre sí mismos. **Blanco. Dorso gris claro**. Ceja, rabadilla y parte ventral, blancas. **Pico** recto, **largo y fino. Patas amarillas. Plumaje nupcial** (Raro de ver)**: rojizo** en cuello y dorso. **Antifaz y faja que baja por el cuello, negros**. También plumajes intermedios. Migra del Ártico. Habita ambientes acuáticos y costas de mar en Patagonia y T. del Fuego. En otoño vuelve al N. (II)

Familia: Chionididae

118) PALOMA-ANTÁRTICA

(Snowy Sheathbill) *Chionis alba*
35 cm. Grupos en costas rocosas. Muy confiada. Camina despacio y cuando se apura trota en vez de correr. Vuela poco con mucho aleteo. Frecuenta loberías. **Parece una robusta paloma blanca. Grueso pico** amarillento **con punta negra**. Cría en la Antártida. Habita costas de mar patagónicas y fueguinas (II)

Familia: Thinocoridae

AGACHONAS: Se dejan acercar mientras permanecen estáticas y agachadas. Por su colorido mimético es difícil distinguirlas en el suelo. Aspecto de palomas. Vuelo sorpresivo. Pico robusto. Cortas patas amarillas. Dorso aperdizado.

119) AGACHONA CHICA

(Least Seedsnipe)　　　　*Thinocorus rumicivorus*

18 cm. ♂ : **Garganta blanca rodeada por línea negra**, continuada como **corbata** por el centro del **pecho gris**. Resto de la parte ventral blanca. **Banda alar blanca** y negra. ♀ : (sin líneas negras). Pecho aperdizado(no gris). Habita estepas herbáceas y arbustivas en Patagonia y T. del Fuego. En otoño se desplaza al N.(III)

120) AGACHONA DE COLLAR

(Gray-breasted Seedsnipe)　　*Thinocorus orbignyianus*

20 cm. Tamaño de Torcaza 139). Aflautados *pókoi..*, aún de noche. ♀ : **garganta blanca rodeada por una línea negra. Pecho gris, sin corbata.** Vientre blanco. Banda alar blanca poco notable. ♀ : como la ♀ del anterior. Mayor. Habita estepas herbáceas y arbustivas y mallines en Patagonia y T. del Fuego. En otoño se desplaza al N. (II)

121) AGACHONA PATAGÓNICA

(White-bellied Seedsnipe)　　*Attagis malouinus*

25 cm. Parecida a la ♀ de la anterior. Mayor. **Garganta y pecho escamados.** Resto de la **parte ventral blanca. Banda alar blanca** como en 119). Pico negruzco. Habita estepas andinas y mallines en el O patagónico y T. del Fuego (I)

122) AGACHONA GRANDE

(Rufous-bellied Seedsnipe)　　*Attagis gayi*

28 cm. Dorso más gris acanelado y menos aperdizado que la anterior. **Vientre canela.** En vuelo se ve la parte inferior de las alas canela. Habita estepas andinas y mallines en el O patagónico (I)

Familia: Stercorariidae

123) ESCÚA COMÚN
(Chilean Skua)   *Catharacta chilensis*

55 cm. Parece una gaviota oscura. Pico ganchudo. Posado suele mantener las alas elevadas. A menudo persigue aves con vuelo acrobático. **Marrón oscuro**. En vuelo, ver la **mancha blanca en la punta de las alas**. Habita el océano y costas de mar patagónicas y fueguinas. En invierno se desplaza al N. (III)

124) SALTEADOR CHICO
(Parasitic Jaeger)   *Stercorarius parasiticus*

38 cm. Recuerda un halcón. Comportamiento del anterior. Menor. Suele perseguir gaviotines. Corona negruzca. Cuello con ancho **collar marrón** y resto **ventral, blanco**. Mancha blanca en el ala como 123). **Plumas centrales de la cola algo largas** y agudas. Migra del Ártico. Habita costas de mar patagónicas y fueguinas. En otoño vuelve al N. (I)

Familia: Rynchopidae

125) RAYADOR
(Black Skimmer)   *Rynchops niger*

40 cm. A menudo en bandadas que levantan vuelo al mismo tiempo para asentarse poco después. Descansa con el pico en el lomo. En vuelo, **suele rayar el agua con su larga mandíbula** mientras aletea lentamente. Dorso negro. Parte ventral blanca. Llamativo **pico rojo y negro**. Cortas **patas rojas**. Joven: dorso con filetes blancos. Habita costas de mar patagónicas y fueguinas. En otoño se desplaza al N. (I)

Familia: Laridae

126) GAVIOTA GRIS
(Dolphin Gull)   *Leucophaeus scoresbii*

38 cm. Confiada. **Gris**. Capuchón más oscuro. Dorso negruzco. Cola y borde de las alas blancos. Grueso **pico y patas rojos**. Ojo marfil.(Plumaje nupcial sin capuchón). Joven: pico rosado. Habita costas de mar patagónicas y fueguinas. (Punta Tombo, Chubut). (III)

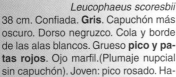
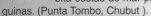
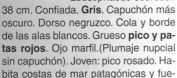

127) GAVIOTA COCINERA

(Kelp Gull) *Larus dominicanus*

55 cm. **Grande**. Confiada. A menudo en puertos y basurales. Blanca, incluso la cola. Espalda y alas negras. Patas y **pico** amarillos, éste **con mancha roja en la punta**. Joven: visto con frecuencia junto con adultos. Diversos plumajes parduscos, con el pico, patas y faja en la cola negruzcos. Habita costas de mar, lagos y lagunas en Patagonia y T. del Fuego (IV)

128) GAVIOTA CANGREJERA

(Olrog's Gull) *Larus atlanticus*

48 cm. Parecida a la anterior. Algo **menor**. Notable **faja negra en la cola(como el Joven 127)**. **Pico** amarillo **con punta negra y roja**. Plumaje invernal: capuchón negruzco y collar blanco. Joven: marrón, con pico claro y punta negruzca. Habita **costas de mar** patagónicas (salvo el S). En otoño se desplaza al N.(Islas Vernaci y Felipe, Chubut). (II)

129) GAVIOTA CAPUCHO CAFÉ

(Brown-hooded Gull) *Larus maculipennis*

35 cm. A menudo en bandadas. **Capuchón marrón oscuro** (más habitual en verano) o con cabeza blanca y pequeña mancha oscura detrás del ojo. Alas grises claras con punta negra y blanca. Habita ambientes acuáticos, incluso costas de mar, en Patagonia y T. del Fuego, siendo más escasa hacia el O (III)

La Gaviota Andina, *Larus serranus*, mayor y de capuchón negruzco, alcanza desde el N el NO patagónico (Copahue,Neuquén).La Gaviota Chica, *L.pipixcan*, también parecida pero menor, con el dorso bien oscuro y migrante del Artico por el Pacífico, ha sido citada para la costa patagónica.

130) GAVIOTA CAPUCHO GRIS

(Gray-hooded Gull) *Larus cirrocephalus*

38 cm. Parecida a la anterior, con la que suele verse. Algo mayor. **Capuchón gris perla** (más habitual en verano) o cabeza blanca con línea gris en la nuca. Alas grises algo más oscuras, también con manchas en la punta. Habita costas de mar patagónicas (salvo el S) (II)

Familia: Sternidae

GAVIOTINES: Se agrupan en bandadas de especies distintas. Parecidos entre sí. Más esbeltos y con las alas más puntiagudas que las gaviotas. Dorso gris,parte ventral blanca. Patas muy cortas. Plumaje nupcial: con corona negra, en época invernal, amplia frente blanca.

131) GAVIOTÍN LAGUNERO

(Snowy-crowned Tern)   *Sterna trudeaui*

30 cm. Zambulle desde cierta altura. Cola ahorquillada. **Cabeza blanca con faja negra** a través del ojo. Fino **pico** negro **con punta amarilla**. Patas amarillentas. **Plumaje nupcial: parte ventral gris y pico anaranjado con banda negra**. Habita ambientes acuáticos, incluso costas de mar, en el N patagónico   (II)

132) GAVIOTÍN SUDAMERICANO

(South American Tern)   *Sterna hirundinacea*

38 cm. **Pico largo** y negro. Cola blanca larga, que en los adultos sobrepasa las alas plegadas. Patas rojas. **Plumaje nupcial:** área blanca entre la corona negra y lo **ventral gris**, y pico rojo. Habita costas de mar patagónicas y fueguinas. En otoño se desplaza al N.   (IV)

Los Gaviotines: ``Golondrina´´, *Sterna hirundo*, de hombros negruzcos,que alcanza desde el N la costa patagónica; ``Antártico´´, *S. vittata*, del S; y ``Artico´´, *S.paradisaea*, del N y más pelágico, son muy parecidos, raros en la costa y difíciles de identificar.

133) GAVIOTÍN PICO AMARILLO

(Cayenne Tern)   *Sterna sandvicensis*

40 cm. Copete en la nuca. Cola bien furcada. **Fino, largo y algo curvo pico amarillo**. Punta de alas y patas negras. Habita costas de mar patagónicas. En invierno se desplaza al N. (II)

134) GAVIOTÍN REAL

(Royal Tern)   *Sterna maxima*

44 cm. Grito *írree*.. Bastante zambullidor. Vuelo algo lento. Parecido al anterior. **Robusto y largo pico rojo bermellón. Copete**, patas y punta de las alas similares. Joven: manchado, pico más corto y amarillento. Habita costas de mar patagónicas (salvo el S). En invierno se desplaza al N.(Punta León, Chubut).   (II)

Familia: Columbidae

135) PALOMA ARAUCANA

(Chilean Pigeon) *Columba araucana*

34 cm. Se ve **rojiza**. **Faja blanca en la nuca**. Parte posterior del cuello como con un escamado bronceado. Cola con faja negra y punta clara. (Joven sin las marcas del cuello y la nuca).

Habita el **Bosque Araucano** en Patagonia (Isla Victoria, PN Nahuel Huapi). (II)

136) PALOMA PICAZURÓ
(Picazuro Pigeon) *Columba picazuro*

34 cm. Arisca. A menudo en parejas o grupos. Voz *uúu..u..u..uúu..* Cabeza y pecho vinosos. **Apretados filetes celeste metálicos en la parte posterior del cuello. Medialuna blanca en las alas**, más notable en vuelo. Resto plomizo. Ojo rojizo.

Habita áreas rurales y poblados en el N patagónico. Al parecer en expansión. (II)

137) PALOMA MANCHADA
(Spot-winged Pigeon) *Columba maculosa*

32 cm. A veces con la anterior. Más plomiza. Voz similar pero más ronca. Cuello sin filetes. **Alas con muchas pecas blancas**. Ojo gris.
Habita estepas arbustivas y áreas rurales en la Patagonia (salvo el S) (II)

138) PALOMA CASERA
(Rock Dove) *Columba livia*

32 cm. Introducida por el hombre en América. A menudo **en plazas de ciudades**.Gris azulada. Filetes verde y violáceo metalizados, en el cuello. **Dos bandas negras en el ala plegada**. Además existe gran variedad de colores.

Habita poblados y áreas rurales en Patagonia y T. del Fuego. A veces asilvestrada en barrancas.(III)

139) TORCAZA

(Eared Dove) *Zenaida auriculata*

22 cm. **Mediana**. Grisácea con la **parte ventral rosácea**. **Manchitas negras en el ala** plegada. Brillo dorado, poco notable, en el cuello. Cola plomiza con puntas blancas, visibles al aterrizar.
Habita los más diversos ambientes patagónicos (IV) y fueguinos (II)

140) TORCACITA COMÚN

(Picui Ground-Dove) *Columbina picui*

15 cm. **Pequeña**. En parejas. Confiada. A menudo en el suelo. Gris clara con la parte ventral blancuzca. **Faja blanca y negra en el ala**, más notable en vuelo. **Cola blanca con plumas centrales negras**. ♀ : más pardusca.
Habita áreas rurales y poblados en el N patagónico (II)

141) PALOMITA CORDILLERANA

(Black-winged Ground-Dove) *Metriopelia melanoptera*

21 cm. Recuerda a la Torcaza 139). A menudo grupos en el suelo. Confiada y pasiva. Se confunde con el ambiente. Vuelo sorpresivo y ruidoso mostrando **alas y cola negras** y **blanco en los hombros**. Área anaranjada alrededor del ojo. Habita estepas herbáceas andinas en el O patagónico (II) y T. del Fuego (I).(Valle de Trolope-Copahue, Neuquén).

No se señala la distribución fuera de Patagonia y Tierra del Fuego.

75

Familia: Psittacidae

142) LORO BARRANQUERO

(Burrowing Parrot) *Cyanoliseus patagonus*
42 cm. En bandadas ruidosas o apiña-
dos en lo alto de postes o cables. Colorido. **Marrón oliváceo. Lomo y rabadilla amarillo oliváceos. Vientre**
también **amarillo** pero **con mancha**
central **roja**. Área alrededor del ojo,
blanca. Habita estepas arbustivas, barrancas y
áreas rurales en la Patagonia (salvo el S) (III)

143) CACHAÑA

(Austral Parakeet) *Enicognathus ferrugineus*
31 cm. Vuelan rápido por encima de
los árboles, mientras emiten fuertes
voces. Silenciosos, estando posados.
Verde oscuro ondeado de negro, más
notable en la corona. Leve frente,
mancha en el vientre y larga cola escalonada **rojizas**. Habita el **Bosque Araucano**
(III)

144) COTORRA

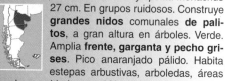

(Monk Parakeet) *Myiopsitta monachus*
27 cm. En grupos ruidosos. Construye
grandes nidos comunales **de palitos**, a gran altura en árboles. Verde.
Amplia **frente, garganta y pecho grises**. Pico anaranjado pálido. Habita
estepas arbustivas, arboledas, áreas
rurales y poblados en el N patagónico (II)

Familia: Cuculidae

145) PIRINCHO

(Guira Cuckoo) *Guira guira*
36 cm. En grupos. Vuelo alternando
rápido batido y largo planeo. A menudo en el suelo. Fuerte *pio..pio..pio..pr..
prrr..prrrrr..* Notable **copete** despeina-
do. **Lomo y rabadilla blancuzcos.
Cola larga con** ancha **banda** central
negra. Parte ventral ocrácea algo estriada. Pico
anaranjado. Habita áreas rurales en el N patagónico (I)

El Cuclillo Canela, *Coccyzus melacoryphus*, con manchas blancas en
la cola, y el Cuclillo Chico, *C. cinereus*, sin manchas y de ojo rojo, se
ocultan en árboles, y suelen alcanzar el NE patagónico en primavera.

76

Familia: Tytonidae

146) LECHUZA DE CAMPANARIO
(Barn Owl) — *Tyto alba*

36 cm. **Nocturna**. Volando de noche se la ve blanca. Fuerte chistido *shhhjj*.. **Coloración** bien **clara. Cara blanca en forma de corazón**. Dorso gris ocráceo y parte ventral blancuzca con leve punteado. Largas patas emplumadas, blancas. Habita áreas rurales y poblados en Patagonia y T. del Fuego. A menudo en construcciones abandonadas. (II)

Familia: Strigidae

147) ÑACURUTÚ
(Great Horned Owl) — *Bubo virginianus*

50 cm. **Muy grande**. Profunda voz *ñacurutú*.. Notables orejas triangulares. Ojos amarillos. **Collar blanco**. Dorso marrón con abigarrado dibujo negro. Parte ventral blancuzca con barras oscuras. Habita estepas arbustivas, acantilados y el Bosque Araucano en Patagonia y T. del Fuego (II)

148) LECHUCITA VIZCACHERA
(Burrowing Owl) — *Athene cunicularia*

25 cm. **Diurna**. Casi siempre **en el suelo**. Voz: *kieee..kié..kié kié*.. Se para **erguida**, a menudo cerca de su madriguera. A veces en postes y matas. "Saluda" con la cabeza. Largas patas emplumadas. Notables cejas blancas. Ojos amarillos. Coloración clara. Dorso marrón con pecas blancas. Cola con barras. Habita estepas arbustivas y áreas rurales en el N patagónico, siendo más escasa hacia el S (II)

149) CABURÉ GRANDE
(Austral Pygmy-Owl) — *Glaucidium nanum*

19 cm. **Pequeño**. Lo acosan los pájaros, a los que caza. Menea y balancea la cola. Posee **cara simulada en la nuca**. Lunares blancos en las alas. Cejas blancas. Ojos amarillos. Parte ventral con un chorreado oscuro. **Cola negruzca con barras canelas**. Habita el **Bosque Araucano**. En otoño se desplaza al N. (II)

150) LECHUZA BATARAZ

(Rufous-legged Owl)   *Strix rufipes*

38 cm. Fuerte gruñido *kru..kru..* Cara acanelada con círculos concéntricos oscuros. Ojos oscuros. **Barrada de negro y blanco**. Piernas canela.
Habita el **Bosque Araucano**   (I)

151) LECHUZÓN DE CAMPO

(Short-eared Owl)   *Asio flammeus*

38 cm. Bastante diurno. A menudo en postes o en el suelo cerca de caminos. **Vuelo lento y planeado a baja altura**. Pequeñas "orejas". Ocráceo. Dorso manchado y barrado de pardusco. Ojos amarillos. Habita estepas herbáceas y áreas rurales en Patagonia y T. del Fuego   (II)

Familia: Caprimulgidae

152) ATAJACAMINOS ÑAÑARCA

(Band-winged Nightjar)   *Caprimulgus longirostris*

22 cm. Activo al anochecer. Se posa en el suelo, siendo difícil distinguirlo. Asustado, vuela a poca altura en zig-zag un corto trecho. De noche, brillo rojo en los ojos. Se ve **pardusco manchado de negro y ocráceo**. ♂ : mancha blanca en la punta del ala. Punta de la cola blanca. Nuca canela, continuada en collar blanco por delante. ♀ : mancha del ala y collar canelas. (Sin blanco en la cola). Habita estepas arbustivas y áreas rurales en la Patagonia (salvo el S). En otoño se desplaza al N.   (II)

153) ÑACUNDÁ

(Nacunda Nighthawk)   *Podager nacunda*

28 cm. Suele verse al atardecer. Bandadas asentadas en el suelo o volando a regular altura. **Robusto**. Gran mancha blanca en la punta del ala negruzca. Collar, lo **inferior de las alas y el vientre, blancos**. ♂ : cola con punta blanca. ♀ : (cola sin blanco).Leve barrado en el vientre. Habita estepas arbustivas, arboledas y áreas rurales en la Patagonia (salvo el S). En otoño se desplaza al N.   (I)

Familia: Apodidae

154) VENCEJO BLANCO
(Andean Swift)   *Aeronautes andecolus*

13 cm. Vuela alto. Planea con las alas largas y curvas, combadas. Aleteo como temblor. **Cola** larga, **terminada en "V".** Dorso marrón. **Rabadilla y parte ventral blancas.**
Habita cañadones, estepas arbustivas y cercanías del Bosque Araucano en el NO patagónico   (I)

Familia: Trochilidae

155) PICAFLOR ANDINO
(White-sided Hillstar)   *Oreotrochilus leucopleurus*

10 cm. Visita flores mientras apoya la cola, como un carpintero. Dorso marrón oliváceo. Larga y ancha **cola blanca con plumas centrales y externas oscuras. Garganta verde brillante,** separada por una línea negra, de lo **ventral blanco con faja longitudinal negro-azulada.** ♀ **: garganta punteada, parte ventral marrón.**
Habita quebradas húmedas y cercanías del Bosque Araucano en el O patagónico (salvo el S) (II)

El Picaflor Gigante, *Patagona gigas*, inconfundible por su gran tamaño, 16 cm, y tonos apagados, ha sido citado para el O patagónico.

156) PICAFLOR RUBÍ
(Green-backed Firecrown)   *Sephanoides sephanioides*

9 cm. Suele sujetar a las flores cuando las visita. ♂ **: corona rojo brillante.** Dorso verde bronceado. Parte ventral grisácea con **pecas verdosas,** muy notables **en la garganta.** Manchita blanca detrás del ojo. Pico corto, recto y negro. ♀ : 8 cm. (Sin rojo en la corona).
Habita el Bosque Araucano, arboledas y áreas rurales en el O patagónico (III) y T. del Fuego (II). En invierno suele verse en poblados.

Familia: Alcedinidae

157) MARTÍN PESCADOR GRANDE

(Ringed Kingfisher) *Ceryle torquata*

36 cm. Voz fuerte como matraca *keke-keke*.. Se lanza desde el aire o de una rama, al agua. Robusto y largo pico recto. **Cabeza con copete negruzco. Alas y espalda, gris celeste.** Garganta y collar blancos. ♂ : parte ventral rojiza, con lo inferior del ala blanco. ♀ : pecho gris celeste, separado de la parte ventral rojiza, por una línea blanca. Lo inferior del ala rojizo. Habita ambientes acuáticos patagónicos y fueguinos

(II)

Familia: Picidae

CARPINTEROS (N° 158 a 160): Típica postura vertical sobre troncos o postes, aunque se posan bastante en el suelo. Amplia rabadilla clara. Línea roja poco notable por debajo del ojo en el ♂ , negra en la ♀ (salvo 160).

158) CARPINTERO REAL COMÚN

(Golden-breasted Woodpecker) *Colaptes melanolaimus*

23 cm. Más arborícola que el anterior. Fuertes y espaciados *kip*.. Corona negra y **nuca roja**. Dorso barrado de negro y amarillo. Parte ventral amarillenta con pintas negras. Habita estepas arbustivas, arboledas y áreas rurales en el N patagónico

(II)

159) CARPINTERO CAMPESTRE

(Field Flicker) *Colaptes campestris*

28 cm. Fuerte y rápido *kuik*.. Además *uit..uit*.. Corona y **nuca, negro. Garganta y pecho amarillos**. Resto barrado de negro y blanco. Habita estepas arbustivas y áreas rurales en el NE patagónico

(II)

160) CARPINTERO PITÍO

(Chilean Flicker) *Colaptes pitius*

29 cm. Grupos. Confiado. Sonoro *pit..io*.. Además *uit..uit*.., a dúo. Colores modestos. **Corona gris**. Cara ocrácea. Dorso y parte ventral barrados de negro y blanco. Ojo marfil. Habita el **Bosque Araucano** y cercanías en Patagonia

(II)

161) CARPINTERO BATARAZ CHICO

(Checkered Woodpecker) *Picoides mixtus*

15 cm. Confiado. Audible y rápido golpeteo. A menudo trepa ramas(no troncos). Barrado de negro y blanco. **Corona estriada**. Nuca roja. Ceja y línea por debajo del ojo blancas. **Dorso y alas con manchitas blancas. Cola, muy barrada en "V".** Parte ventral estriada. (♀ : sin rojo).
Habita estepas arbustivas, áreas rurales y arboledas en el N patagónico   (I)

162) CARPINTERO BATARAZ GRANDE

(Striped Woodpecker) *Picoides lignarius*

16 cm. Parecido al anterior en aspecto, voz y comportamiento. Distinto hábitat. **(Corona** casi **sin estrías). Dorso barrado. Cola con pocas barras blancas.** Parte ventral con estriado más grueso y notable.
Habita el **Bosque Araucano** en Patagonia   (II)

163) CARPINTERO GIGANTE

(Magellanic Woodpecker) *Campephilus magellanicus*

36 cm. Muy **grande**. En parejas o grupos. A menudo emite un ruidoso golpeteo sobre troncos. **Negro.** ♂ : **capuchón rojo**. Área blanca en las alas. Pico negro. Ojo amarillo. ♀ : **capuchón negro** con copete enrulado. Cara roja.
Habita el **Bosque Araucano**   (II)

PASSERIFORMES (Pájaros)

Familia: Furnariidae

CAMINERAS: Muy confiadas. Prefieren caminar o correr, a volar. Se parecen entre sí. Poseen coloración modesta, que dificulta verlas en el suelo. Dorso pardusco, colorida cola corta y ceja clara.

164) CAMINERA COLORADA
(Rufous-banded Miner)　　　　　*Geositta rufipennis*

15 cm. Pico corto. **Alas rojizas. Cola rojiza** con una banda negra. Parte ventral acanelada.
Habita estepas andinas en el O patagónico　　　　　　　　　　(II)

165) CAMINERA COMÚN
(Common Miner)　　　　　*Geositta cunicularia*

14 cm. Voz trinada. Balancea la cola. Pico más largo y fino que en la anterior. Alas rojizas. **Cola** negruzca **con** ancha **base y bordes ocráceos.** Parte ventral blancuzca con notable **escamado** oscuro **en el pecho.**
Habita estepas herbáceas, arenales y caminos de tierra en Patagonia y T. del Fuego. En otoño se desplaza al N.　　　　　　　　　　(III)

166) CAMINERA PATAGÓNICA
(Short-billed Miner)　　　　　*Geositta antarctica*

16 cm. Parecida a la anterior. Mayor y más pálida. **Pico** más **corto**, robusto y recto. **Alas** levemente **acaneladas** (no rojizas). **Pecho con escamado** mucho más **difuso.**
Habita estepas herbáceas en el S patagónico y el N fueguino　　　　　　　　　(II)

167) BANDURRITA COMÚN

(Scale-throated Earthcreeper) *Upucerthia dumetaria*

20 cm. Recuerda una caminera, por colorido, comportamiento y hábitat. Voz compleja que emite asentada en arbustos. Repetido *fit..*, mientras camina.(No eleva la cola). **Muy largo pico curvo.** Dorso gris pardusco. Parte ventral blancuzca. Notable **escamado en el pecho.** Larga cola rojiza con negro (sin base diferenciada).

Habita estepas arbustivas patagónicas y el N de T. del Fuego (I). En otoño se desplaza al N.   (III)

168) BANDURRITA PICO RECTO

(Straight-billed Earthcreeper) *Upucerthia ruficauda*

18 cm. Trepa y recorre nerviosamente rocas. Grillado *trrr.*. **Muy largo pico recto.** Ceja blanca. Dorso marrón. **Cola negruzca con** el borde externo **rojizo.** Parte ventral blanca que pasa a canela en el vientre.

Habita estepas andinas del centro y N patagónicos   (I)

169) BANDURRITA PATAGÓNICA

(Band-tailed Earthcreeper) *Eremobius phoenicurus*

16 cm. Al caminar balancea la cola que suele llevar erecta. A menudo asentada en arbustos. Voz y aspecto parecidos al anterior. Pico más corto, también recto. Dorso pardusco. **Cola negra y rojiza** más notable. Visible **ceja blanca**, del ojo hacia atrás. Parte ventral blancuzca estriada de gris.

Habita estepas arbustivas patagónicas   (II)

REMOLINERAS: *Confiadas. Cerca del agua. Caminadoras. Balancean la cola. Vuelo bajo y rápido. Recuerdan camineras (con cola más larga y sin base colorida). Notable banda alar clara (salvo 170).*

170) REMOLINERA NEGRA

(Blackish Cinclodes) *Cinclodes antarcticus*

18 cm. **Negruzca**, casi uniforme.(Unica Remolinera **sin banda alar)**. Garganta punteada de ocráceo.

Habita costas de mar en el S de **T. del Fuego e Isla de los Estados** (II)

171) REMOLINERA ARAUCANA

(Dark-bellied Cinclodes) *Cinclodes patagonicus*

18 cm. Pico robusto y algo largo (2 cm). **Oscura**. Dorso marrón negruzco. Banda alar acanelada. Notables ceja y garganta blancas. **Parte ventral negruzca** estriada de blanco, en pecho y vientre.

Habita orillas de lagos y arroyos del Bosque Araucano, y costas de mar en T. del Fuego (III)

172) REMOLINERA COMÚN

(Bar-winged Cinclodes) *Cinclodes fuscus*

16 cm. **Dorso marrón**. Ceja ocrácea. Garganta blancuzca. **Banda alar canela**. Parte ventral gris pardusca, más clara hacia el vientre. Puntas externas de la cola, ocráceas.

Habita orillas de arroyos, lagunas y costas de mar en Patagonia y T. del Fuego. En otoño se desplaza al N. (III)

173) REMOLINERA CHICA

(Gray-flanked Cinclodes) *Cinclodes oustaleti*

16 cm. Eleva la cola. Dorso oscuro como en la Remolinera Araucana(171). **Menor** que ésta. Pico delgado. Ceja y garganta blancuzcas. **Banda alar ocrácea** acanelada. Parte ventral similar a 171) pero con **vientre blancuzco**. Puntas externas de la cola marrones(no ocráceas como en 172).

Habita orillas de arroyos y lagos del O patagónico y costas de mar en T. del Fuego (II)

174) HORNERO

(Rufous Hornero) *Furnarius rufus*

18 cm. Confiado. Es el ave nacional. Canto a dúo con notas distintas. Conocido **nido de barro** colocado en sitios visibles. Camina con elegancia. Dorso **marrón** y parte ventral ocrácea. **Cola rojiza**. Garganta blancuzca.

Habita áreas urbanas y cultivadas en el N patagónico   (II)

175) LEÑATERO

(Firewood-gathered) *Anumbius annumbi*

18 cm. Desconfiado. Expuesto y **voluminoso nido de palitos sobre postes** y arbustos cerca de caminos. Voz repiqueteada *tí..tí..rí..ti..*. Dorso estriado y parte ventral ocrácea lisa. Frente rojiza. **Garganta blanca bordeada de puntos negros. Cola negra con punta blanca**.

Habita áreas urbanas, cultivadas y aún estepas arbustivas en el N patagónico   (II)

El Crestudo, *Coryphistera alaudina*, inconfundible por su erecto copete y plumaje estriado de canela, alcanza el NE patagónico y al parecer está en expansión.

176) CACHOLOTE CASTAÑO

(Brown Cacholote) *Pseudoseisura lophotes*

23 cm. Confiado. A menudo en el suelo. Potente canto a dúo. Nido enorme de palitos en árboles o arbustos. Pico robusto. **Marrón rojizo**. Notable **copete** oscuro. **Cola** más **rojiza**. Ojo marfil.

Habita áreas rurales y estepas arbustivas en el N patagónico   (II)

177) CACHOLOTE PARDO

(White-throated Cacholote) *Pseudoseisura gutturalis*

21 cm. Recuerda al anterior. Menos confiado. Voz similar, menos potente. **Copete** y pico menores. **Gris pardusco**. Párpado blanco, incompleto. Cola negruzca. **Garganta blanca bordeada de negro**.

Habita estepas arbustivas patagónicas   (II)

178) JUNQUERO

(Wren-like Rushbird) *Phleocryptes melanops*
13 cm. Inquieto. Oculto entre la vegetación acuática, se deja acercar. Típica y frecuente **voz como repetido
golpeteo** de dos palitos, **seguido de
un chirrido áspero. Cola corta.** Dorso estriado de negro, gris y canela.
Notable **ceja blancuzca.** Parte ventral ocrácea.
Habita lagunas con **juncales** en Patagonia (II) y T.
del Fuego (I)

179) COLILARGA

(Des Murs' Wiretail) *Sylviorthorhynchus desmursii*
22 cm. Oculto, se deja acercar. Llama-
da continua. Pequeño (7 cm). **Cola
con dos delgadas y larguísimas
plumas** (15 cm). Pico fino, más bien
largo. Dorso marrón rojizo, más aún en
la frente.
Habita cañaverales y matas en el **Bosque Araucano** en Patagonia y raramente en la estepa her-
bácea (II)

180) RAYADITO

(Thorn-tailed Rayadito) *Aphrastura spinicauda*
14 cm. En grupos. Muy inquieto, confiado y activo. Revisa hojas y cortezas
con movimientos acrobáticos. Trepa
troncos a saltitos. A veces en el suelo.
Agudo y continuo *tititi..* y otras voces.
Plumaje colorido. **Cola con puntas** finas. Cabeza negra. Notable **ceja acanelada.** Garganta blancuzca.
Habita el **Bosque Araucano** (IV)

181) CURUTIÉ BLANCO

(Stripe-crowned Spinetail) *Cranioleuca pyrrhophia*
14 cm. Inquieto pero confiado. Se
cuelga y trepa por ramas finas. Trinos
agudos. Construye en invierno dormi-
deros de doble entrada. **Corona estriada de negro.** Espalda marrón.
**Área rojiza en las alas. Ceja y todo
lo ventral, blanco.** Cola en puntas, marrón con lados rojizos.
Habita estepas arbustivas en el N patagónico (II)

CANASTEROS: Parecidos entre sí. En general activos. Colores modestos, con el dorso gris pardusco, parte ventral blanco ocrácea y una banda alar poco notable.

182) CANASTERO CHAQUEÑO

(Short-billed Canastero) *Asthenes baeri*

14 cm. Confiado. A menudo baja al suelo. Trino largo y monocorde. Pico y cola menos largos que el siguiente. La **cola**, que suele llevar **erecta**, es negra con los lados rojizos. **Mancha en la garganta marrón rojiza.**
Habita estepas arbustivas en el N patagónico (II)

183) CANASTERO COLUDO
(Lesser Canastero) *Asthenes pyrrholeuca*

15 cm. Tímido y oculto.(No suele bajar al suelo como 182, 184 y 185). **Vuelo corto** y bajo **zambullendo en la vegetación.** Suave *uit..* **Cola** parecida a la de 182) pero algo más **larga, que al volar parece flamear.** Mancha anaranjada en la garganta.
Habita estepas arbustivas patagónicas. En otoño se desplaza al N. (III)

184) CANASTERO PÁLIDO
(Cordilleran Canastero) *Asthenes modesta*

15 cm. Parecido al anterior con distinto comportamiento. **Recorre terrenos áridos** llevando la **cola erecta.** Continuo *pit..* Además un rápido *trrr..* Mancha anaranjada en la garganta, flanqueda por pequitas negras. Cola también negra y rojiza, como 182) y 183), con diferente distribución(ver dibujos).
Habita estepas patagónicas arbustivas y herbáceas (II)

185) CANASTERO PATAGÓNICO
(Patagonian Canastero) *Asthenes patagonica*

15 cm. Confiado. Pico más corto que el de los otros canasteros. **Cola negra** sólo con un leve borde rojizo. **Mancha negra en la garganta,** punteada de blanco. Vientre acanelado.
Habita estepas arbustivas en el centro y N patagónicos (II)

186) ESPARTILLERO AUSTRAL

(Austral Canastero)   *Asthenes anthoides*

15 cm. A menudo **en arbustos** en laderas de cerros. Fuerte trino *prrrt..* **Dorso ocre manchado de negro**. Lo ventral ocráceo con pecho y flancos punteados de oscuro. Cola larga y ancha, terminada en puntas. Habita matorrales al pie de los Andes,no lejos del Bosque Araucano en el O patagónico y fueguino. (Copahue, Neuquén). (II)

El Espartillero Pampeano, *Asthenes hudsoni*, parecido pero de diferente distribución y hábitat, ha sido citado para el NE patagónico.

187) COLUDITO COPETÓN

(Tufted Tit-Spinetail)   *Leptasthenura platensis*

16 cm. Confiado. De movimientos acrobáticos entre ramas. Agudo y descendente *tirititirrr..* Dorso gris pardusco. Parte ventral ocrácea. **Cola** oscura, **con un fino lateral acanelado, de la que sobresalen dos plumas muy largas**. Notable **copete** apenas estriado. Garganta algo estriada. Habita estepas arbustivas en el N patagónico (I)

188) COLUDITO COLA NEGRA

(Plain-mantled Tit-Spinetail) *Leptasthenura aegithaloides*

16 cm. Parecido al anterior, incluso en comportamiento. Grillado, largo y agudo *prrr..* **Corona negra, estriada de canela** (sin copete). Garganta blancuzca bordeada de un leve estriado. **Cola negra, de la que** también **sobresalen dos plumas muy largas**. Habita estepas arbustivas, barrancas y cercanías del Bosque Araucano en Patagonia (II) y T del Fuego (I). En otoño se desplaza al N.

El Pijuí Cola Parda, *Synallaxis albescens*, de cola marrón, menos larga, alcanza desde el N áreas rurales del NE patagónico.

189) PICOLEZNA PATAGÓNICO

(White-throated Treerunner)   *Pygarrhichas albogularis*

15 cm. Confiado. Recuerda un carpinterito porque **trepa y picotea troncos. Pico algo curvo hacia arriba.** Dorso marrón. Lomo, flancos y cola en puntas, rojizos. **Garganta y pecho blancos**. Habita el **Bosque Araucano** (III)

Familia: Rhinocryptidae

190) HUET-HUET

(Black-throated Huet-Huet) *Pteroptochos tarnii*

22 cm. Anda por el suelo escarbando. Oculto. Se oye más que se ve. Serie de notas descendentes y un bajo *huet..huet..* Alarmado, un rápido y fuerte *tu..tu..tu..tu..* Dorso y garganta negruzcos. **Corona, lomo y el resto de lo ventral, rojizo**. Cola negra, erecta. Pico corto. Ojo amarillo.
Habita cañaverales en el **Bosque Araucano** en Patagonia (salvo el S) (II)

191) CHUCAO

(Chucao Tapaculo) *Scelorchilus rubecula*

17 cm. Recuerda al anterior, incluso en comportamiento. Menor. Corre trechos por el suelo. También oculto. Fuerte voz como croar de rana. Marrón oscuro. **Ceja, garganta y pecho rojizos**. El resto de **lo ventral barrado** de blanco y negro.
Habita cañaverales en el **Bosque Araucano** en Patagonia (salvo el S) (III)

192) CHURRÍN ANDINO

(Andean Tapaculo) *Scytalopus magellanicus*

10 cm. Recuerda a los anteriores por su comportamiento terrícola y oculto. Voz: repetido *patrás..* Bien pequeño. Recuerda una Ratona Común (236). **Negruzco**, a veces con **frente blanca**. Joven: marrón, más parecido a una ratona. Cola barrada.
Habita bordes de arroyos del **Bosque Araucano** (II)

89

193) CHURRÍN GRANDE

(Ochre-flanked Tapaculo)

Eugralla paradoxa

14 cm. Parecido al anterior. Mayor. **Pico robusto**. Aspero y repetido *chek*.. **Lomo y vientre canelas**. Patas amarillentas. Joven: pecho barrado de oscuro y lo ventral blancuzco.

Habita cañaverales en el **Bosque Araucano** del N patagónico

194) GALLITO COPETÓN

(Crested Gallito)

Rhinocrypta lanceolata

21 cm. Desconfiado. Se asienta en lo alto de arbustos de donde salta al suelo. Corre por los claros. Se oculta en matorrales. Sonoro y suave *chup*.. o *chio*.. y otras fuertes voces. Cola algo larga y erecta. **Copete y cuello marrones muy estriados de blanco**. Dorso gris oliváceo, parte ventral blancuzca. **Flancos rojizos**. Habita estepas arbustivas en el N patagónico (II)

195) GALLITO ARENA

(Sandy Gallito)

Teledromas fuscus

16 cm. Corre por el suelo en terrenos áridos. Repetido y sonoro *piuk*.. Canta en lo alto de arbustos. Voz que recuerda al Carpintero Real (160). Pico corto. **Coloración pálida** y modesta. Dorso pardusco acanelado. Cola negruzca. Ceja y parte ventral blancuzcas.

Habita estepas arbustivas, más bien peladares, en el N patagónico. (I)

Familia: Tyrannidae

GAUCHOS: *Parecen zorzales de pico robusto y ganchudo. Modesta coloración pardusca. Garganta blanca estriada de negro.*

196) GAUCHO GRANDE
(Great Shrike-Tyrant) *Agriornis livida*

26 cm. Suele perseguir pájaros menores. Cola negruzca con fino borde blanco. **Vientre canela.**
Habita estepas arbustivas, cerca del Bosque Araucano, en el O patagónico y fueguino (II)

197) GAUCHO COMÚN
(Gray-bellied Shrike-Tyrant) *Agriornis microptera*

23 cm. Parecido al anterior. Menor. Voz *puit.*. Larga **ceja clara**. (Sin canela en la parte ventral).
Habita estepas arbustivas en la Patagonia. En otoño se desplaza al N. (II)

198) GAUCHO SERRANO
(Black-billed Shrike-Tyrant) *Agriornis montana*

21 cm. Voz como un maullido apagado. Silbido casi humano, al amanecer. Filetes blancos en las alas. **Cola blanca con la base y plumas centrales oscuras.** Leve y corta ceja. El estriado en la garganta es poco notable.
Habita estepas arbustivas andinas y serranas en el O patagónico (II)

199) GAUCHO CHICO
(Least Shrike-Tyrant) *Agriornis murina*

16 cm. A menudo en el suelo. Recuerda un pequeño 197) acanelado. Vuelo más ágil. Parte ventral ocrácea. **Filetes claros en las alas**. Ceja y fino borde de la cola, blancuzcos. **Flancos acanelados.**
Habita estepas arbustivas en el N patagónico. En otoño se desplaza al N, viéndose en bandaditas en terrenos áridos. (II)

200) MONJITA CHOCOLATE

(Chocolate-vented Tyrant) *Neoxolmis rufiventris*

23 cm. A menudo en el suelo. En otoño, en bandadas junto al Chorlo Cabe-
zón(99). Desconfiada. Corre agachada. Abre y cierra la cola con rapidez.
Gris oscura. Frente, cara y cola negras. **Alas con negro, blanco y rojizo**. Vientre rojizo.
Habita estepas herbáceas patagónicas y fueguinas. Se desplaza al N en otoño. (II)

201) MONJITA CASTAÑA

(Rusty-backed Monjita) *Neoxolmis rubetra*

18 cm. Recuerda a la anterior. También en el suelo y forma bandadas en
otoño. **Dorso canela**, más **rojizo en la
corona**. Notable y **larga ceja blanca.
Alas negras y rojizas, con filetes
blancos**. Cola negruzca, con leve bor-
de claro (como en el anterior). Parte ventral blanca con el pecho estriado.
Habita estepas herbáceas en el centro y N patagónicos. En otoño se desplaza al N. (II)

202) MONJITA CORONADA

(Black-crowned Monjita) *Xolmis coronata*

20 cm. Parece un Benteveo (216),
blanco y negro. **Corona y faja sobre
el ojo, negros** separados por una **vincha blanca**. Alas y cola negras. Filetes en las alas y **banda alar, blanco**.
Habita estepas arbustivas en el N patagónico . Se desplaza al N en otoño. (II)

203) MONJITA BLANCA

(White Monjita) *Xolmis irupero*

17 cm. Se posa en sitios visibles.
Blanco notable aún desde lejos. **Línea en el ala plegada y** banda en el
extremo de la cola, negros.
Habita estepas arbustivas y áreas rurales en el N patagónico (II)

204) DIUCÓN

(Fire-eyed Diucon) *Xolmis pyrope*

19 cm. Pasivo, se asienta en matas o postes a baja altura. Rara vez en el suelo. Caza con vuelos cortos. Silbido débil. **Dorso gris oscuro**. Lomo más pálido. Parte ventral grisácea con garganta y vientre blancuzcos. **Ojo rojo**.
Joven: ojo marrón.
Habita claros y bordes del **Bosque Araucano** (III)

DORMILONAS: Se paran erectas y abren y cierran la cola con rapidez. Parecidas entre sí forman grupos dispersos, aún de distintas especies. Patas largas. Cola cuadrada, negra con fino borde externo claro. Dorso gris pardusco.

205) DORMILONA FRENTE NEGRA

(Black-fronted Ground-Tyrant) *Muscisaxicola frontalis*

18 cm. **Corta ceja blanca. Corona y frente negras**.
Habita estepas andinas y altoserranas en el NO patagónico. (Meseta de Somuncurá, R.Negro). En otoño se desplaza al N. (II)

206) DORMILONA CARA NEGRA

(Dark-faced Ground-Tyrant) *Muscisaxicola macloviana*

15 cm. A veces sobre matas. Coloración modesta. **Cara negruzca que pasa a marrón en la corona.** (Joven: sin negruzco en la cara).
Habita estepas andinas, a menudo cerca del agua, costas de mar y praderas húmedas patagónicas y fueguinas. En otoño se desplaza en bandadas al N. (III)

207) DORMILONA CANELA

(Cinnamon-bellied Ground-Tyrant) *Muscisaxicola capistrata*

16 cm. La más acanelada de las dormilonas. Amplia frente negra. Resto de la cabeza y nuca rojizos. **Vientre canela**.(Joven: sin rojizo en la cabeza).
Habita praderas húmedas y estepas herbáceas más bien en el O patagónico (II) y T. del Fuego (III). En otoño se desplaza al N. (PN Laguna Blanca, Neuquén).
La Dormilona Cenicienta, *Muscisaxicola alpina*, sin nuca coloreada, ha sido citada recientemente para Neuquén.

208) DORMILONA CEJA BLANCA

(White-browed Ground-Tyrant) *Muscisaxicola albilora*

16 cm. Notable y **larga ceja blanca.** Frente **marrón acanelado que sigue rojizo en la corona.**

Habita estepas andinas y altoserranas en el O patagónico (Meseta de Somuncurá, R. Negro) y fueguino. En otoño se desplaza al N. (II)

209) DORMILONA FRAILE

(Ochre-naped Ground-Tyrant) *Muscisaxicola flavinucha*

18 cm. Inconfundible con otras dormilonas por su **nuca amarilla** (que falta en los jóvenes). Además pequeña área blanca en la frente que se extiende hacia el ojo.

Habita estepas andinas y altoserranas en el O patagónico (Meseta de Somuncurá, R. Negro) y fueguino. En otoño se desplaza al N. (II)

210) DORMILONA CHICA

(Spot-billed Ground-Tyrant) *Muscisaxicola maculirostris*

13 cm. **Pequeña.** Menos esbelta y más confiada que otras dormilonas. Suele caminar entre los pastos(no solo en peladares). Coloración modesta. Dorso marrón. **Filetes acanelados en el ala.** Parte ventral algo ocrácea. **Pico negro con base amarilla** (en la mandíbula). Habita estepas andinas, serranas y cercanías en el O patagónico (Meseta de Somuncurá, R. Negro). En otoño se desplaza al N. (II)

211) SOBREPUESTO COMÚN

(Rufous-backed Negrito) *Lessonia rufa*

11 cm. **Muy pequeño.** Anda en el suelo o vuela bajo. Rara vez en atalayas a baja altura. Confiado pero inquieto. Hace carreritas. ♂ : **negro con la espalda rojiza.** ♀ : marrón con la espalda canela. Cola negruzca. Parte ventral grisácea.

Habita bordes de lagunas, mallines y aún costas de mar en Patagonia y T. del Fuego . En otoño se desplaza al N. (III)

94

212) PICO DE PLATA

(Spectacled Tyrant) *Hymenops perspicillata*

13 cm. ♂ : sobre matas y postes o en el suelo. A veces en el suelo. Hace carreritas. Vuelo corto volviendo a su atalaya. **Negro. Punta de las alas blancas**, notables en vuelo. Pico y **área ocular, amarillo.** ♀ : muy distinta y más bien oculta. Es raro verla junto al M. **Marrón con estrías** negras. **Zona alar rojiza**, notable en vuelo. Pico y área ocular como el ♂ . Habita ambientes acuáticos y cercanías en el N y centro patagónicos (II)

213) VIUDITA COMÚN

(White-winged Black-Tyrant) *Knipolegus aterrimus*

16 cm. Confiada y pasiva.Caza en vuelo. Leve copete. ♂ : **negro**, (sin brillo). Pico gris plomizo brillante. **Banda alar blanca**, notable en vuelo. ♀ : muy distinta. Dorso pardusco. **Rabadilla rojiza**. Cola rojiza con la mitad terminal negra. Habita estepas arbustivas y áreas rurales en el N y centro patagónicos . En otoño se desplaza al N. (II)

214) VIUDITA CHICA

(Hudson's Black-Tyrant) *Knipolegus hudsoni*

13 cm. Parecida a la anterior. Más **pequeña**. ♂ : **negro. Manchita blanca en los flancos** que en vuelo forma un semicírculo con la **banda alar blanca**. Dos plumas externas del ala muy agudas, sólo visibles en la mano. ♀ : **corona canela. Parte ventral blancuzca** (sin estrías en el pecho). Habita estepas arbustivas en el N patagónico. En otoño se desplaza al N. (I)

215) TACHURÍ SIETECOLORES

(Many-colored Rush-Tyrant) *Tachuris rubrigastra*

10 cm. Oculto en pajonales acuáticos. Activo. Llamativa coloración, inconfundible si se lo ve de cerca. **Cabeza** negra **con** ceja blanca y **línea roja** en el centro. Dorso verde oliva. Áreas blancas en alas y cola. **Cola y collar interrumpido, negros. Parte ventral amarillo** intenso, rosado hacia la cola. Habita lagunas con juncales en Patagonia (salvo el S) (II)

El Doradito Pardo, *Pseudocolopteryx flaviventris*, que comparte el hábitat, es parecido pero de coloración modesta, marrón por arriba y amarillo debajo. Ha sido citado para el N patagónico.

216) BENTEVEO COMÚN

(Great Kiskadee) *Pitangus sulphuratus*
22 cm. Conocido porque suele convivir con el hombre. Fuerte *uicho..fuiíí..* y otras voces. Cabezón. Pico robusto. **Corona y antifaz negros. Ceja y garganta blancas.** Plumas amarillas ocultas en la corona. Dorso marrón. **Parte ventral amarilla.**
Habita áreas rurales, arboledas y poblados en el N patagónico (II)

217) SUIRIRÍ REAL

(Tropical Kingbird) *Tyrannus melancholicus*
20 cm. Recuerda algo al anterior. Se asienta en lo alto de árboles, desde donde hace vuelos cortos para atrapar insectos. Rápido, agudo y casi trinado *siriríí..* **Cola triangular, furcada.** Cabeza gris con ocultas plumas anaranjadas. Espalda y pecho grises oliváceos. Resto de lo ventral amarillo.
Habita arboledas y áreas rurales en el N patagónico. En otoño migra al N. (II)

218) TIJERETA

(Fork-tailed Flycatcher) *Tyrannus savana*
38 cm. Inconfundible. Cabeza y **larguísima cola** (28 cm) negras. Ocultas plumas amarillas en la corona. Dorso gris. **Parte ventral blanca.** ♀ y joven: cola más corta.
Habita estepas arbustivas y áreas rurales en el N patagónico. En otoño migra al N. (II)

219) TUQUITO GRIS

(Crowned Slaty-Flycatcher)
Empidonomus aurantioatrocristatus
17 cm. **Muy confiado.** A menudo en sitios visibles de árboles. Voz grillada *yiit..* **Esbelto.** Leve copete nucal. **Gris pardusco** casi **uniforme.** Parte ventral grisácea. **Corona negra,** con ocultas plumas amarillas. Ceja gris. Joven: ceja blancuzca y filetes rojizos en las alas.
Habita estepas arbustivas y a veces arboledas en el NE patagónico. En otoño se desplaza al N. (II)

Los diferentes tonos de color en los textos indican distintas familias.

220) SUIRIRÍ PICO CORTO

(Scrub Flycatcher) *Sublegatus modestus*
13 cm. Coloración modesta. Silbido
fiií.. **Leve copete** nucal. Ceja poco notable y filetes en las alas, blancuzcos.
Pecho gris y resto de lo **ventral amarillento**. **Corto pico negro**.
Habita estepas arbustivas en el NE
patagónico (I)

221) CHURRINCHE

(Vermilion Flycatcher) *Pyrocephalus rubinus*
13 cm. ♂ : se asienta en atalayas bajas y visibles. Corto vuelo volviendo al
punto de partida. Coloración llamativa.
Notables **corona, leve copete nucal
y todo lo ventral**, rojos. Faja ocular,
dorso y cola negruzcos. ♀ : poco llamativa. Dorso gris pardusco, **pecho estriado de
gris y vientre rosáceo**, amarillento en el joven.
Habita estepas arbustivas y áreas rurales en el N
patagónico. En otoño migra al N. (II)

222) CALANDRITA

(Greater Wagtail-Tyrant) *Stigmatura budytoides*
13 cm. Parejas ruidosas. Rápida y trisilábica voz *quirquincho*.., a dúo. Dorso gris oliváceo. Notables filetes blancos en las alas. **Cola larga que lleva
algo erecta**, negruzca con punta blanca. **Ceja** y toda la **parte ventral, amarillentas**.
Habita estepas arbustivas en el NE patagónico (II)

223) PIOJITO COMÚN

(White-crested Tyrannulet) *Serpophaga subcristata*
9 cm. **Muy pequeño**. Recorre arbustos. Enfático pero suave *chin..churisa*..
Corona plomiza con ocultas plumas
blancas. Dorso grisáceo. Filetes blancuzcos en alas negruzcas. **Pecho gris
que pasa a amarillento en** el resto de
lo ventral.
Habita estepas arbustivas y arboledas en el NE
patagónico. En otoño se desplaza al N. (II)

El Piojito Gris, *Serpophaga nigricans*, que vive en cercanías del agua,
es todo gris con cola negra y ha sido citado para el N patagónico.

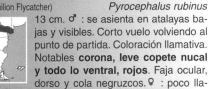

224) CACHUDITO PICO AMARILLO
(Yellow-billed Tit-Tyrant)　　　*Anairetes flavirostris*

10 cm. Muy **pequeño**. Confiado pero inquieto. Notable y **fino copete erecto**, negro. Plumas blancas ocultas en la corona. Filetes blancuzcos en el ala. **Grueso** y notable **estriado negruzco en el pecho**. Resto de lo ventral amarillento. **Pico** corto, negro, **con base amarillo anaranjada**.
Habita estepas arbustivas en el NE patagónico (I)

225) CACHUDITO PICO NEGRO
(Tufted Tit-Tyrant)　　　*Anairetes parulus*

10 cm. Muy parecido al anterior, tanto en tamaño como en coloración y comportamiento.Copete similar. Rápido *piribiribi*.. **Fino** pero también notable **estriado negruzco en el pecho**. **Pico negro** (sin amarillo anaranjado).
Habita estepas arbustivas en la llanura, meseta y en las quebradas andinas de Patagonia y T. del Fuego. En otoño se desplaza al N.　　　(II)

226) FIOFÍO SILBÓN
(White-crested Elaenia)　　　*Elaenia albiceps*

13 cm. Confiado. Espaciado y lastimero silbido *fíío..fíío*.. Pico corto y fino. Leve copete dividido por un **visible** triángulo **blanco hasta la nuca**. Dorso gris oliváceo. Filetes blancuzcos en el ala. **Pecho gris oliváceo pasando a amarillento en** el resto de **lo ventral**.
Habita arboledas y el Bosque Araucano y sus cercanías en el O patagónico (IV) y T. del Fuego (III). En otoño se desplaza al N.

227) PEUTRÉN
(Patagonian Tyrant)　　　*Colorhamphus parvirostris*

12 cm. Confiado. Silbido lastimero que recuerda al anterior. Pasivo, permanece oculto entre el follaje. **Pico** muy **corto**. **Espalda marrón**. **Dos** notables **filetes rojizos en el ala**. Cara y todo lo ventral gris, que pasa a ocráceo en el vientre.
Habita el **Bosque Araucano**

Familia: Phytotomidae

228) RARA
(Rufous-tailed Plantcutter) *Phytotoma rara*

18 cm. Come brotes. Voz como balido. Leve copete. Pico grueso. ♂ : **corona y todo lo ventral rojizos**. Espalda estriada de negro. Alas negras con notables filetes blancos. **Cola rojiza con bandas central y terminal negras**. Ojo rojo. ♀ : con menos rojizo y **estriada** en el pecho. Habita cercanías del Bosque Araucano en el O patagónico (salvo el S) (II)

229) CORTARRAMAS
(White-tipped Plantcutter) *Phytotoma rutila*

17 cm. Aspecto, voz y comportamiento similares al anterior. **Más copetón. Amplia frente y parte ventral rojizos. Espalda plomiza** (sin estrías). **Cola** negra (sin rojizo) **con puntas blancas**. ♀ : estriado más notable que en 228). Habita estepas arbustivas y arboledas en el N patagónico. En otoño se desplaza al N. (II)

Familia: Hirundinidae

230) GOLONDRINA TIJERITA
(Barn Swallow) *Hirundo rustica*

15 cm. Se suelen ver bandadas de adultos y jóvenes. **Larga cola ahorquillada**, negruzca, **con banda transversal blanca**, vista de abajo. Dorso y fino collar, azules. **Garganta rojiza**. Resto de lo ventral canela. Joven: frente y garganta acaneladas y resto de lo ventral ocráceo. Cría en el Hemisferio Norte (una población en B. Aires). Habita diversos ambientes patagónicos y fueguinos. En otoño vuelve al N. (II)

231) GOLONDRINA RABADILLA CANELA
(Cliff Swallow) *Hirundo pyrrhonota*

13 cm. Bandadas revoloteando bajo. A menudo con la anterior. Notable **frente** y parte ventral, **blanco acanelado**. Corona azul. Garganta y cuello rojizos. Estrías blancas en la espalda. **Rabadilla canela**. Cría en el Hemisferio Norte. Habita diversos ambientes patagónicos y fueguinos. En otoño vuelve al N. (I)

232) GOLONDRINA NEGRA

(Southern Martin)   *Progne modesta*

18 cm. A menudo en grupos. **Grande.** ♂ **: totalmente negro** azulado con tenue brillo púrpura. ♀ : dorso similar y parte ventral gris ceniciento con leve ondeado pardusco.

Habita áreas rurales, poblados, barrancas y costas marinas en el N patagónico.

En otoño migra al N. (II)

La Golondrina Parda, *Phaeoprogne tapera*, 16 cm, marrón por arriba y blanca debajo, con un collar marrón, ha sido citada para el NE patagónico.

233) GOLONDRINA PATAGÓNICA

(Chilean Swallow)   *Tachycineta leucopyga*

13 cm. A menudo en grupos. **Mediana.** Dorso azul negruzco con brillo violáceo. Ancha y notable **rabadilla blanca.** Cola negra. Parte ventral blanca.

Habita áreas rurales, poblados y cercanías del Bosque Araucano en Patagonia y T. del Fuego . En otoño se desplaza al N. (III)

234) GOLONDRINA BARRANQUERA

(Blue-and-White Swallow)   *Notiochelidon cyanoleuca*

11 cm. A menudo en grupos. **Pequeña.** Parecida a la anterior. Menor(**sin rabadilla blanca**).Dorso negro y parte ventral blanca. Abdomen negro (blanco, en 233).

Habita **barrancas**, estepas arbustivas y cercanías del Bosque Araucano en Patagonia y T. del Fuego (II)

Los mapas muestran la distribución sólo en Patagonia y Tierra del Fuego.

Familia: Troglodytidae

235) RATONA APERDIZADA

(Grass Wren)   *Cistothorus platensis*
10 cm. **Pequeña**. Activa pero oculta, suele asomarse sobre las matas. Vuelo corto. Agradable voz aguda. Ocráceo **amarillenta**. Corona y alas estriadas de negro. Notable **estriado negro y blancuzco en la espalda. Cola erecta, barrada de negro**. Rabadilla canela. Patas anaranjadas. Habita pastizales y pajonales cerca del agua en Patagonia y T. del Fuego   (I)

236) RATONA COMÚN

(House Wren)   *Troglodytes aedon*
10 cm. **Pequeña**. Aspecto de la anterior. Vive en diferentes ambientes y es más confiada. Variada y agradable voz terminada en largo trino. Recorre matorrales y cercas. **Marrón. Alas y cola erecta más rojizas**, barradas de negro. Habita **áreas** rurales y **urbanas** y claros de bosques en Patagonia y T. del Fuego   (IV)

Familia: Turdidae

237) ZORZAL PATAGÓNICO

(Austral Thrush)   *Turdus falcklandii*
24 cm. A menudo oculto en árboles. A veces en el suelo. Agradable canto. **Cabeza y cola negruzcas. Garganta** blanca **estriada** de negro. Resto de lo ventral acanelado. **Pico y patas amarillo-anaranjados**. Joven:(sin negro en la cabeza)manchado de negro en la parte ventral. Habita arboledas y el Bosque Araucano y sus cercanías más bien en el O patagónico y T. del Fuego   (III)

238) ZORZAL CHIGUANCO

(Chiguanco Thrush)   *Turdus chiguanco*
25 cm. Confiado. A menudo en sitios visibles. Aguda voz con notas poco musicales. **Marrón negruzco. Patas y pico amarillo-anaranjados**. ♀ : algo más clara.
Habita estepas arbustivas, a menudo cerca del agua en el NO patagónico   (I)

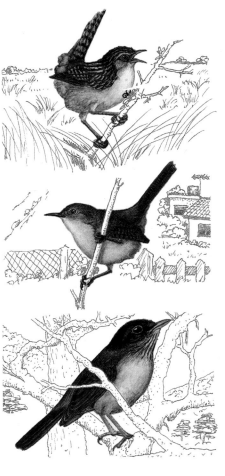

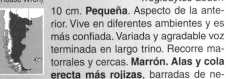

Familia: Mimidae

CALANDRIAS: Se asientan en sitios visibles, sobre ar-
bustos y en el suelo. Parecidas entre sí. Silban e imitan.
Ceja blanca. Parte ventral clara.

239) CALANDRIA REAL

(White-banded Mockingbird) *Mimus triurus*

20 cm. La más colorida de las calandrias. Acanelada. Dorso gris pardusco
uniforme. Rabadilla canela. **Cola blanca con plumas centrales negras.**
Mancha alar blanca, notable en vuelo y visible aún con el ala plegada.

Habita estepas arbustivas y áreas rurales en el N
patagónico. En otoño parte de la población se
desplaza al N. (II)

240) CALANDRIA GRANDE

(Chalk-browed Mockingbird) *Mimus saturninus*

25 cm. A menudo en el suelo. La más
confiada de las calandrias. **Dorso** levemente **estriado**. La de **cola** más
larga y erecta, con puntas externas
blancas. **Notable ceja** blanca. Filetes
blancos en el ala plegada.

Habita estepas arbustivas, áreas rurales y **poblados** en el N patagónico (II)

241) CALANDRIA MORA

(Patagonian Mockingbird) *Mimus patagonicus*

22 cm. La menos colorida. Parecida a
la anterior. Algo menor. **Cola** más corta (no erecta) **con leve blanco en el
extremo. Dorso** grisáceo **uniforme.**
Ceja poco notable. Pecas blancas en
el ala plegada, más visibles.

Habita estepas arbustivas y herbáceas patagónicas (IV) y fueguinas (I). En otoño parte de la población se desplaza al N

Familia: Motacillidae

CACHIRLAS: Muy parecidas entre sí. Los mejores caracteres diferenciables son el canto y el vuelo nupcial. Miméticas, se confunden con el ambiente. Uña del dedo posterior larga.

242) CACHIRLA UÑA CORTA
(Short-billed Pipit)   *Anthus furcatus*

14 cm. Confiada. **Uña** relativamente **corta. Espalda** agrisada y **opaca** (sin filetes notables en alas ni cola). Cara marrón uniforme. **Pecho** ocráceo **manchado de marrón contrastado con el vientre blancuzco.** Flancos apenas manchados. Habita estepas herbáceas y áreas rurales en el N patagónico   (II)

243) CACHIRLA COMÚN
(Correndera Pipit)   *Anthus correndera*

14 cm. Plumaje más contrastado que la anterior. Uña muy larga. **Espalda con dos líneas blancas** bordeadas de negro. Notables filetes blancuzcos en alas y cola. **Pecho moteado de negruzco,** prolongado como **estrías en los flancos.** Habita estepas herbáceas y áreas rurales patagónicas y fueguinas   (III)

244) CACHIRLA PÁLIDA
(Hellmayr's Pipit)   *Anthus hellmayri*

14 cm. **Espalda** parecida a la anterior (**sin las líneas blancas**). Parte ventral blancuzca con **pocas estrías en el pecho** y flancos. Habita estepas arbustivas y herbáceas en la Patagonia (salvo el S), pero más bien en el O (II)

Familia: Ploceidae

245) GORRIÓN
(House Sparrow)   *Passer domesticus*

13 cm. Vive cerca del hombre. Ruidoso y oportunista. Pico grueso. ♂ : **corona** y rabadilla, **gris.** Nuca marrón rojiza. Espalda y alas marrón rojizas estriadas de negro. **Babero negro.** Filete alar y vientre, blancos.(♀ : sin negro ni marrón rojizo). Introducido de Europa. Habita ciudades y poblados en Patagonia y T. del Fuego   (IV)

103

Familia: Thraupidae

246) NARANJERO

(Blue-and-Yellow Tanager) *Thraupis bonariensis*

17 cm. A menudo parejas en árboles. ♂ : llamativa coloración. **Capuchón celeste violáceo.** Espalda negra. Alas negras con filetes celestes. **Rabadilla anaranjada. Pecho anaranjado** que pasa a amarillo hacia el vientre. ♀ : modesto plumaje. Espalda olivácea y parte ventral ocrácea. ♂ jóven: plumajes intermedios. Habita estepas arbustivas, arboledas y áreas rurales en el N patagónico (II)

Familia: Emberizidae

247) CARDENAL AMARILLO

(Yellow Cardinal) *Gubernatrix cristata*

18 cm. En arbustos. **Amarillo verdoso.** Notables **copete y garganta negras. Espalda estriada** de oliva y negro. Ceja amarilla. **Cola amarilla con centro negro.** ♀ : mejillas y pecho grises. Habita estepas arbustivas en el NE patagónico. En disminución. Se lo caza para enjaular.

248) YAL ANDINO

(Yellow-bridled Finch) *Melanodera xanthogramma*

15 cm. Confiado. Anda por el suelo a menudo en grupos. ♂ : recuerda al anterior. (Sin copete). **Larga ceja amarilla. Reborde amarillo en el babero negro.** Parte ventral amarillo verdosa. Cola con filetes amarillos. ♀ : gris pardusca estriada de negro. Parte ventral blancuzca estriada. Habita estepas altoandinas, cumbres nevadas en el O patagónico y costas de mar fueguinas (II)

249) YAL AUSTRAL

(Black-throated Finch) *Melanodera melanodera*

14 cm. Parecido al anterior en coloración y comportamiento. ♂ : **babero también negro. Ceja y reborde del babero blancos.** Parte superior del ala y filetes, amarillo. Cabeza plomiza. Espalda gris olivácea. ♀ : blancuzca, estriada con **alas y reborde externo de la cola, amarillas.** Habita estepas herbáceas húmedas en el SO patagónico y costas de mar fueguinas (II)

104

250) CORBATITA COMÚN

(Double-collared Seedeater)   *Sporophila caerulescens*

10 cm. Muy **pequeño**. ♂ : dorso gris oscuro. **Barba negra** rodeada de blanco. **Collar negro**. **Parte ventral blanca**. Corto y grueso pico amarillento. ♀ : modesto plumaje. Dorso marrón oliváceo, parte ventral ocrácea.
Habita estepas herbáceas y áreas rurales en el N patagónico. En otoño migra al N.   (II)

251) DIUCA COMÚN

(Common Diuca-Finch)   *Diuca diuca*

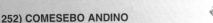

14 cm. En el suelo y en arbustos. Melodiosa voz de 4 ó 5 notas. Pico corto. **Dorso y pecho grises** algo parduscos. **Puntas de la cola y vientre, blancos**. Mancha canela debajo de la cola. ♀ y joven: más parduscos.
Habita estepas arbustivas patagónicas (IV) y fueguinas (I). En otoño se desplaza al N en bandadas.

252) COMESEBO ANDINO

(Gray-hooded Sierra-Finch)   *Phrygilus gayi*

15 cm. A menudo en el suelo. Colorido pero **pálido**. ♂ : capuchón y alas grises azulados. **Espalda olivácea**. Parte ventral amarillenta. Blanco debajo de la cola. ♀ : capuchón estriado. **Garganta blancuzca flanqueada de marrón**. Pecho acanelado que pasa a ocre en el vientre.
Habita estepas andinas patagónicas y fueguinas
(II)

253) COMESEBO PATAGÓNICO

(Patagonian Sierra-Finch)   *Phrygilus patagonicus*

14 cm. Parecido al anterior. Algo **menor**. Más arborícola. Casi la misma coloración pero más contrastada. ♂ : capuchón gris azulado. **Espalda canela** olivácea. **Rabadilla** y parte ventral, **amarillo**. Alas y cola negruzcas. ♀ : más pálida. Capuchón como el ♂ . Espalda oliva. Vientre amarillo verdoso.
Habita el **Bosque Araucano**   (III)

254) YAL PLOMIZO

(Plumbeous Sierra-Finch) *Phrygilus unicolor*

13 cm. A menudo en el suelo. Pico corto. **Dorso gris oscuro uniforme.** Parte ventral gris. **Pico oscuro.** Patas rosáceas.

Habita estepas andinas en el O patagónico (II) y T. del Fuego (I)

255) YAL NEGRO

(Mourning Sierra-Finch) *Phrygilus fruticeti*

15 cm. Voz nasal *piri..piri..pii..piripí..* Notable vuelo nupcial con caída planeando con las alas hacia abajo. ♂ : **negruzco.** Espalda gris estriada de negro. Cola negra. **Alas negras** con **filetes blancos. Pecho negro** y resto de lo ventral blanco. **Pico y patas anaranjados.** ♀ : gris pardusca estriada de negro, **cara marrón acanelada y bigote blanco.**

Habita estepas arbustivas patagónicas (III) y fueguinas (I). En otoño se desplaza al N.

256) YAL CARBONERO

(Carbonated Sierra-Finch) *Phrygilus carbonarius*

13 cm. Parecido al anterior. Más oculto. ♂ : vuelo nupcial con las alas hacia arriba. **Espalda** estriada (o uniforme), cola **y todo lo ventral, negros.** Pico y patas amarillo anaranjados. ♀ confiada y pasiva. **Parecida a una ♀ de Jilguero Dorado** (259). Dorso estriado de marrón y ocráceo. Área clara alrededor del ojo. Parte ventral blancuzca estriada de marrón. **Pico amarillo. Patas amarillentas.**

Habita estepas arbustivas en el N y centro patagónicos. En otoño se desplaza al N. (I)

257) VERDÓN

(Great Pampa-Finch) *Embernagra platensis*

20 cm. Confiado. En parejas. Desde lo alto de matas emite voces cortas y agradables. Además *chip..* Cabeza gris. Espalda oliva estriado. **Alas y cola amarillo verdosas.** Notable **pico** algo grueso, **anaranjado.**

Habita pastizales cerca del agua y juncales en el N patagónico (II)

MISTO Y JILGUEROS: *Gregarios. Confiados. Cantan en vuelo. Amarillos. Parecidos entre sí. Algunos difieren solo en detalles.*

258) MISTO

(Grassland Yellow-Finch) *Sicalis luteola*

12 cm. Bandadas enormes que semejan enjambres. Vuelo nupcial con caída en planeo lento. A menudo sobre pastos, donde anida. Bisilábico *zi-...ziss..* **Dorso** ocráceo muy **estriado de marrón.** Rabadilla oliva. Parte ventral y párpado, amarillos. ♀ : similar. Apenas **más pálida.** Pecho y flancos ocráceos. Habita áreas rurales y estepas herbáceas en el N y centro patagónicos (II)

259) JILGUERO DORADO

(Saffron Finch) *Sicalis flaveola*

12 cm. Parecido al anterior. En parejas o bandadas menores. ♂ : amarillo. **Dorso verde oliva estriado de negro. Frente anaranjada** poco notable. Alas y cola con filetes amarillos. ♀ : bien diferente del ♂. **(Sin amarillo).** Dorso gris pardusco estriado de negro. Parte ventral blancuzca con **pecho y flancos estriados** de gris oscuro. Habita áreas rurales, poblados y estepas arbustivas en el N patagónico (II)

260) JILGUERO GRANDE

(Greater Yellow-Finch) *Sicalis auriventris*

14 cm. Robusto. ♂ : muy amarillo. **Frente y todo lo ventral, amarillos.** Cabeza amarillenta. Espalda y flancos gris oliváceos. Alas grisáceas. Rabadilla amarillo olivácea. Cola negruzca con fino reborde amarillo. ♀ : más pálida y estriada. Habita estepas andinas en el NO patagónico. (Copahue, Neuquén). (I)

261) JILGUERO AUSTRAL

(Patagonian Yellow-Finch) *Sicalis lebruni*

13 cm. Vuelo nupcial como en 258) aunque más bajo. Corona y **espalda, gris oliváceo. Frente amarilla**. Rabadilla olivácea. Alas y cola negruzcas con filetes grises. Parte ventral gris amarillenta, que pasa a amarillo en el vientre. **Patas rosáceas.** Habita estepas arbustivas y herbáceas patagónicas (III) y fueguinas (II)

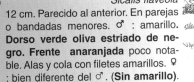

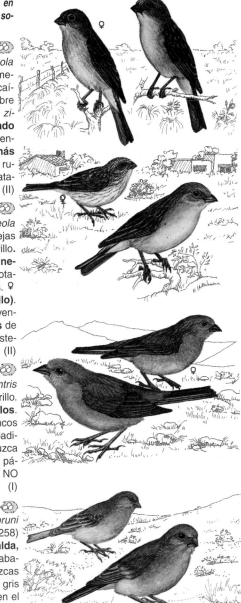

262) CHINGOLO

(Rufous-collared Sparrow) *Zonotrichia capensis*

12 cm. Confiado. Bandaditas en invierno. **Leve copete**. **Cabeza** sólo **gris** o con rayas negras. **Collar canela** abierto en el pecho. Parte ventral blancuzca. Joven: (sin gris ni canela). Parte ventral estriada de gris oscuro.
Habita todos los ambientes, salvo los altoandinos, en Patagonia y T. del Fuego (IV)

263) CACHILO CEJA AMARILLA

(Grassland Sparrow) *Ammodramus humeralis*

11 cm. Confiado. A menudo en el suelo entre pastos. Se suele parar en postes, de donde emite un delicado gorjeo seguido de nota nasal y trino. Se lo oye más que se lo ve. Recuerda al anterior (sin copete ni canela). Bien observado posee **ceja** blancuzca que comienza **amarilla**, y **hombros** también **amarillos**.
 Habita estepas arbustivas y áreas rurales en el N patagónico (I)

264) MONTERITA CANELA

(Cinnamon Warbling-Finch) *Poospiza ornata*

12 cm. A menudo en el suelo. **Dorso gris oscuro**, salvo la espalda que como la **parte ventral** es **canela**. Alas con dos filetes blancuzcos. Punta de la cola blanca. Notable **ceja canela**. ♀: más apagada.
Habita estepas arbustivas en el N patagónico. En otoño se desplaza al N. (I)

265) MONTERITA DE COLLAR

(Ringed Warbling-Finch) *Poospiza torquata*

12 cm. Recorre arbustos. Dorso gris oscuro. Notables **ceja y garganta blancas, flanqueadas por fajas negras**. Filete blanco en las alas. Cola como en el anterior. Parte ventral blanca con **área rojiza bajo la cola**. ♀: más apagada.
Habita estepas arbustivas en el N patagónico (I)

Familia: Fringillidae

266) CABECITANEGRA COMÚN
(Hooded Siskin)   *Carduelis magellanica*

12 cm. En bandaditas o parejas. Agradable canto trinado. Espalda verdosa. **Alas** negras **con ancha banda amarilla,** notable en vuelo. **Parte ventral amarilla.** Ancha banda negra en el extremo de la cola. ♂ : **cabeza negra.**
Habita áreas rurales y arboledas en el N patagónico   (II)
El Cabecitanegra Andino, *Carduelis uropygialis*, parecido pero con capuchón, babero y espalda negro, ha sido citado para el NO patagónico.(Copahue, Neuquén).

267) CABECITANEGRA AUSTRAL
(Black-chinned Siskin)   *Carduelis barbata*

12 cm. Parecido al anterior incluso en comportamiento. Espalda más estriada de oscuro. Alas similares. **Ceja amarillenta.** Pecho amarillo que pasa a blancuzco en el resto de lo ventral. Cola con más negro. ♂ : **leve copete, boina** (no cabeza) **y garganta negras.** Habita estepas arbustivas, cercanías del Bosque Araucano, arboledas y poblados en Patagonia y T. del Fuego   (III)

Familia: Icteridae

268) VARILLERO ALA AMARILLA
(Yellow-winged Blackbird)   *Agelaius thilius*

17 cm. Bandaditas cerca del agua. Recuerda a un tordo. Pico fino. **Hombros amarillos,** notables en vuelo. ♂ : **negro.** ♀ : marrón estriada con ceja blancuzca. Habita juncales y cercanías en Patagonia   (I)

269) LOICA COMÚN
(Long-tailed Meadowlark)   *Sturnella loyca*

22 cm. A menudo en el suelo. Confiada. Voces variadas y chillonas. ♂ : dorso marrón aperdizado. Ceja blanca. **Garganta y pecho, rojos.** Parte inferior del ala blanca. ♀ : más pálida. Garganta blanca. Rojo menos notable.
Habita estepas arbustivas y pastizales patagónicos y fueguinos   (III)

TORDOS: Negros, con brillo, salvo el Tordo Músico (273). A menudo en grupos. Se los ve en árboles aunque frecuentan mucho el suelo. Pico algo corto y grueso.

270) TORDO PATAGÓNICO

(Austral Blackbird)   *Curaeus curaeus*

26 cm. Fuertes voces, canto complejo y melodioso. El más **grande** de los Tordos. **Pico** más **largo y recto** que el Tordo Renegrido (272). Patas largas. Más esbelto. (Sin brillo morado).

Habita el Bosque Araucano y sus cercanías en Patagonia y T. del Fuego   (III)

271) TORDO PICO CORTO

(Screaming Cowbird)   *Molothrus rufoaxillaris*

18 cm. Forma bandadas mixtas con el Tordo Músico (273). Pone sus huevos en el nido de éste. Suele asentarse sobre el ganado. **Aspero y sorpresivo** *juish..* y otros gritos. Parecido al Tordo Renegrido (272). ♂ y ♀: **negros.**(Brillo no violáceo). Poco notable, área marrón debajo del ala. Joven: se parece a 273).

Habita áreas rurales en el N patagónico   (II)

272) TORDO RENEGRIDO

(Shiny Cowbird)   *Molothrus bonariensis*

19 cm. Forma a veces grandes bandadas que duermen amontonadas en árboles, incluso con otros tordos. Como el anterior, suele asentarse sobre ganado. Pone sus huevos en nidos de otros pájaros. Gorgoteo seguido de silbo agudo o chistido. Agradable canto en vuelo. ♂ : negro con **brillo morado**. ♀ : modesta coloración marrón grisácea.

Habita áreas rurales, poblados y cercanías del Bosque Araucano en el N patagónico   (II)

273) TORDO MÚSICO

(Bay-winged Cowbird)   *Molothrus badius*

18 cm. Voces diversas, emitidas en grupo, que recuerdan un ensayo orquestal. Marrón grisáceo. **Rojizo en alas**, más notable en vuelo. Cola negra.

Habita áreas rurales y poblados en el N patagónico   (II)

Especies alguna vez citadas para la Patagonia y/o Tierra del Fuego

Pingüino de Humboldt (*Spheniscus humboldti*)

Pingüino del Cabo (*Spheniscus demersus*)

Inambú Silbón (*Nothoprocta pentlandii*)

Albatros Errante (*Diomedea exulans*)

Albatros Real (*Diomedea epomophora*)

Albatros Cabeza Gris (*Diomedea chrysostoma*)

Albatros Pico Fino (*Diomedea chlororhynchos*)

Petrel Antártico (*Thalassoica antarctica*)

Petrel Pizarra (*Pterodroma brevirostris*)

Petrel Moteado (*Pterodroma inexpectata*)

Petrel Cabeza Blanca (*Pterodroma lessoni*)

Petrel Azulado (*Halobaena caerulea*)

Prion Pico Grande (*Pachyptila desolata*)

Prion Pico Corto (*Pachyptila turtur*)

Prion Pico Ancho (*Pachyptila vittata*)

Petrel Ceniciento (*Procellaria cinerea*)

Petrel Negro (*Procellaria westlandica*)

Pardela Boreal (*Puffinus puffinus*)

Paíño Gris (*Garrodia nereis*)

Paíño Vientre Negro (*Fregetta tropica*)

Yunco Común (*Pelecanoides urinatrix*)

Pelícano Pardo (*Pelecanus occidentalis*)

Piquero del Cabo (*Morus capensis*)

Pato Media Luna (*Anas discors*)

Pato Cutirí (*Amazonetta brasiliensis*)

Aguilucho Langostero (*Buteo swainsoni*)

Aguila Coronada (*Harpyhaliaetus coronatus*)

Aguila Pescadora (*Pandion haliaetus*)

Burrito Enano (*Coturnicops notata*)

Pitotoy Solitario (*Tringa solitaria*)

Playerito Enano (*Calidris pusilla*)

Chorlito de Vincha (*Phegornis mitchellii*)

Escúa Polar (Catharacta maccormicki)

Escúa Antártica (Catharacta antarctica)

Gaviotín Pico Grueso (*Gelochelidon nilotica*)

Falaropo Pico Grueso (*Phalaropus fulicarius*)

Falaropo Pico Fino (*Phalaropus lobatus*)

Alilicucu Común (*Otus choliba*)

Picaflor Común (*Chlorostilbon aureoventris*)

Chinchero Grande (*Drymornis bridgesii*)

Curutié Ocráceo (*Cranioleuca sulphurifera*)

Espartillero Enano (*Spartonoica maluroides*)

Canastero Castaño (*Asthenes steinbachi*)

Espartillero Pampeano (*Asthenes hudsoni*)

Coludito Canela (*Leptasthenura fuliginiceps*)

Dormilona Cenicienta (*Muscisaxicola cinerea*)

Burlisto Cola Castaña (*Myiarchus tyrannulus*)

Golondrina Cabeza Rojiza (*Stelgidopteryx fucata*)

Golondrina Zapadora (*Riparia riparia*)

Zorzal Chalchalero (*Turdus amaurochalinus*)

Pitiayumí (*Parula pitiayumi*)

Pepitero de Collar (*Saltator aurantiirostris*)

Cardenal Común (*Paroaria coronata*)

Cardenilla (*Paroaria capitata*)

Jilguero Oliváceo (*Sicalis olivascens*)

Sietevestidos (*Poospiza nigrorufa*)

Cabecitanegra Andino (*Carduelis uropygialis*)

Cabecitanegra Picudo (*Carduelis crassirostris*)

Varillero negro (Agelaius cyanopus)

Síntesis Histórica de la Ornitología Patagónica

Tal vez, la primera referencia a las aves de la costa patagónica, y que incluimos tan solo como anécdota, corresponde a Pigafetta, cronista de la expedición de Magallanes y Elcano. Allí menciona los "gansos" hallados en dos islas, frente a Deseado (actual provincia de Santa Cruz), pudiéndose deducir que se trata, en realidad de pingüinos. Pero obviaremos toda referencia a los diversos viajes realizados desde Europa durante los siglos XVII y XVIII y primera mitad del XIX, debido a que las descripciones son imprecisas. A partir de la segunda mitad del siglo XIX, hubo expediciones marítimas que tocaron nuestras playas –algunas de carácter científico– que describieron y citaron especies costeras del Atlántico Sur, comprendidas en esta obra.

Pero nos circunscribiremos a los estudios realizados en tierra, en la Patagonia propiamente dicha. Tal vez corresponda iniciar esta síntesis con Alcides d'Orbigny, quien en los primeros días de 1828 visitó San Blas y luego Carmen de Patagones, en el extremo sur de B. Aires, que aquí consideramos Patagonia.

Recorrió las orillas del río Negro, combatió contra los aborígenes en esa avanzada de la civilización europea, y durante ocho meses, recorrió el área, efectuando capturas siempre al sur del río Colorado.

Alcides d'Orbigny

"Es una avifauna propia de suelos áridos –comenta– aumentada en invierno con las aves de las regiones glaciares del polo... no se le encontrará otra semejanza que con las montañas de Chile y de la gran meseta boliviana, a una altura de 10.000 a 14.000 pies sobre el nivel del mar". Los hallazgos figuran en su monumental "Voyage dans L'Amérique Méridionale" (9 volúmenes). También son de gran importancia científica sus publicaciones con Geoffroy Saint-Hilaire en 1832 y con A. de Lafresnaye en 1837-1838, donde describió nuevas especies para la ciencia.

El segundo ilustre naturalista, que reconoce parte de la región patagónica, es nada menos que Charles Darwin, como consecuencia de su famoso viaje alrededor del mundo, iniciado el 27 de diciembre de 1831, en Davenport, Inglaterra.

En la Patagonia recorre a caballo el extremo sur de Buenos Aires, desde Car-

Charles Darwin

men de Patagones, llegando a su destino provisorio, la capital argentina. El barco que lo conduce, el Beagle, se detuvo mucho después en el puerto de San Julián y en la desembocadura de los ríos Deseado y Santa Cruz, cuyos cursos remontó Darwin. También visitó la costa de Tierra del Fuego, islas adyacentes y el estrecho de Magallanes. Su obra "The Zoology of the Voyage of H.M.S. Beagle (Under the Command of Captain Fitz Roy, during the years 1832-1836)" reúne el núcleo de sus observaciones, cuya tercera parte, referida a aves, fue dirigida por el eminente ornitólogo Sir John Gould.

Hijo de padres norteamericanos y con ascendencia británica, nace en las cercanías de Buenos Aires, en agosto de 1841, William Henry Hudson, que puede considerarse el primer argentino, estudioso de las aves de esta tierra. En marzo de 1872, a poco de su regreso de Carmen de Patagones escribe "On the birds of the Río Negro of Patagonia", donde comenta el hallazgo de 126 especies de aves, apenas al sur y al norte del río mencionado, explayándose, con su conocida sagacidad, en el comportamiento de muchas de ellas y donde se describe, en palabras de P. L. Sclater, una nueva especie para la ciencia, que lleva para siempre el nombre de Hudson: <u>Knipolegus</u> <u>hudsoni</u>.

Poco tiempo después, Henry Durnford, que había llegado a Buenos Aires en 1875, realizó dos expediciones al Chubut, en octubre de 1876 y desde setiembre de 1877 a abril de 1878, año en el que fallece, a los 25 de edad. De esos viajes surgen dos publicaciones "Notes on Some Birds Observed in the Chupat Valley, Patagonia and in Neighbouring District", (1877) y "Notes on the Birds of Central Patagonia" (1878).

La expedición al desierto, realizada entre abril y junio de 1879, comandada por el general Julio A. Roca, llevó como integrante de la comisión científica a Adolfo Doering quien, en 1881, publica "Expedición al Río Negro". Allí hace una cita comentada de las aves halladas en la expedición, que parte de Azul y tras cruzar el río Colorado, alcanza Rincón Grande, ya en el área que consideramos patagónica, siguiendo por el río Negro hasta Neuquén.

Francisco P. Moreno

Germán Burmeister llegó a la Argentina en enero de 1857, aportando una cuota decisiva al conocimiento de las ciencias naturales, incluso en su cargo de director del Museo Público de Buenos Aires (1862). Trabajó en diversos sectores pero respecto a la Patagonia sólo conocemos la adquisición, para esta entidad, de la colección obtenida por Durnford, y de la que trajo su hijo Carlos Burmeister, cuyo estudio aparece en los "Anales del Museo Público", en los años 1888 y 1889.

Una importante expedición fue enviada por la Universidad de Princeton, bajo la dirección de J. B. Hatcher la que, entre 1896 y 1899, recorrió diferentes lugares de Patagonia y Tierra del Fuego. El análisis de las pieles de estudio fue realizada por Scott y Sharpe, dando comienzo a un catálogo sistemático publicado entre 1904 y 1926, titulado "Reports of the Princeton University Expedition to Patagonia". Ls aves son tratadas en el volumen II. Debe mencionarse también "La Patagonia" (1900), de L. D. Carvajal, en cuyo segundo tomo se hace referencia a las aves que viven en la región.

William Henry Hudson

Otra contribución al conocimiento de esta avifauna le corresponde a Enrique Lynch Arribálzaga, de quien, en los "Anales del Museo de Historia Natural de Buenos Aires" (1902), ofrece una lista de aves coleccionada por Gerling en el oeste de Chubut.

Con respecto a la avifauna fueguina, puede mencionarse el trabajo de Roberto Dabbene: "Fauna Magallánica. Mamíferos y aves de la Tierra del Fuego e islas adyacentes", publicado en los "Anales del Museo Nacional de Buenos Aires", en 1902. Unos años más tarde, en 1907 aparece el singular libro de Richard Crashway, "Birds of Tierra del Fuego", ilustrado con láminas en colores y basado en una colección del autor obtenida en Bahía Inútil. También se hallan referencias a aves de la región insular en "Fauna Chilensis, Vögel", publicada por Schalow en 1898, como suplemento de la revista "Zoologische Jahrbücher".

Existen, como podría suponerse, muchos trabajos posteriores de diferente jerarquía. Algunos puntillosos estudios taxonómicos, nuevos resultados de viajes y expediciones, y más modernos análisis bio-ecológicos sobre la ornitología patagónica. Por tratarse de obras modernas de fácil acceso, sólo mencionaremos algunas que por su mayor aliento, no pueden ser pasadas por alto.

Entre ellas "Birds of Isla Grande (Tierra del Fuego)" de Humphrey, Bridge, Reynolds y Peterson (1970). Aunque la obra es técnica y sólo parcialmente ilustrada, no deja de constituir una base para una guía exhaustiva de identificación de las

Vista del pueblo del Carmen, sobre el río Negro, hacia 1830. (Patagonia)

aves del área. El mérito de la extensión a nivel popular de este trabajo, le corresponde a Ricardo Clark con su "Aves de Tierra del Fuego y Cabo de Hornos. Guía de campo" (1986).

Aunque hemos oído acerca de diversos intentos de estructurar una guía total de las aves de la Patagonia (como el de J. Martínez, "Fauna Patagónica", que no debe siquiera ser considerado), hasta el presente no existe una obra, útil a nivel de los aficionados, que les permita descubrir la agreste diversidad y belleza de las aves que viven en los semiáridos ambientes de la meseta austral, en el lujurioso bosque húmedo de los faldeos andinos y en las acantiladas costas de Atlántico Sur. Estamos intentando suplir esa falencia.

Glosario

Abigarrado: Plumaje abigarrado. De diseño complejo.

Apedazado: Diseño abigarrado de tonos ocre, castaño y negro, a menudo mimético.

Balanceo (de cola): Movimiento vertical.

Barrado: Que posee barras o líneas transversales.

Bataraz: Diseño que combina pintas o manchitas blancas y negras.

Colonia (de nidificación): Asociación de individuos de una o más especies que se reúnen para criar.

Dedos lobulados: Con una extensión lateral de la membrana que no llega a ser palmeadura.

Dedos palmeado: Con una membrana interdigital.

Dimorfismo estacional: Características de ciertas especies que poseen diferente coloración y/o aspecto, en la época reproductiva y en la de reposo sexual, lo que suele equivaler, respectivamente, a verano e invierno.

Dimorfismo sexual: Características de ciertas especies que poseen diferencias de coloración o aspectos entre los sexos.

Escamado: Diseño de plumas con aspecto de escamas.

Escudete: Membrana frontal coloreada.

Espejo alar: Fajas en el ápice de las secundarias, a menudo con brillo metálico, notables en vuelo. Característico en los patos.

Espolón: Apófisis ósea aguda que poseen ciertas aves en alas o patas.

Estriado: Líneas cortas, longitudinales.

Fases: Variante de coloración que presentan individuos en algunas especies, no relacionadas con edad, sexo, etc.

Frugívoro: Que se alimenta de frutas o bayas.

Gregario: Que vive asociado con otros individuos de su especie de otras.

Meneo (de cola): Movimiento lateral de la cola.

Mimético: Utilizado aquí para quien se asemeja al ambiente en que vive.

Palustre: Referido a pantano o laguna. De áreas húmedas o semiinundadas.

Pelágico: De alta mar.

Poliandria: Comportamiento sexual en el que la hembra copula con varios machos.

Plumaje nupcial: Plumaje reproductivo. Coloración presente en el período de apareamiento y nidificación. Casi siempre coincide con primavera-verano.

Remeras: Remiges. Plumas de vuelo.

Timoneras: Rectrices. Plumas rígidas de la cola.

Vadear: Recorrer aguas someras.

Vuelo batido: Con aleteo continuo.

Vuelo elástico: Rápido y corto, regresando a su atalaya o proximidades.

Vuelo errático: Como sin objetivo, irregular.

Vuelo quebrado: Variando bruscamente la dirección.

Bibliografía

ACERBO, P.E.
2000. *Aves del río Neuquén*. AIC.

CLARK, R.
1986. *Aves de Tierra del Fuego y Cabo de Hornos. Guía de Campo*. L.O.L.A., B. Aires

CRAWSHAY, R.
1907. *The Birds of Tierra del Fuego*. London. Bernard Quaritch Ed.

CHEBEZ, J. C. Y C. BERTONATTI
1994. *La Avifauna de la Isla de los Estados, Isla de Año Nuevo y mar cincundante* (Tierra del Fuego, Argentina) L.O.L.A., B. Aires

DARWIN, C.
1977. *Viaje de un naturalista por la Patagonia*. Marymar, B. Aires

FJELSA, J. Y N. KRABBE
1990. *Birds of the High Andes*. Zool. Mus. Univ. Of Copenhagen, Denmark

HUDSON, W. H.
1992. *Sobre las aves del río Negro, Patagonia*. Con notas de P. L. Sclater, en Las Aves de la Pampa Perdida. Por T. Narosky y D. Gallegos. A.O.P., B. Aires

HUMPHREY, P., D. BRIDGE, P.W. REYNOLDS & R. T. PETERSON
1970. Birds of Isla Grande (Tierra del Fuego) Preliminary Smithsonian Manual. Univ. of Kansas

NAROSKY, T. Y A. G. DI GIACOMO
1993, *Las Aves de la Provincia de Buenos Aires:* Distribución y Estatus. Asoc. Orn. del Plata, Vázquez Mazzini y L.O.L.A., B. Aires

NAVAS, J
1971, *Estudios sobre la Avifauna Andinopatagónica. Géneros "Upucerthia, Ochetorynchus y Eremobius"* (Furnaridae). Rev. Mus. de Cienc. Nat., B. Aires

VENEGAS, C. Y J. JORY
1979, *Guía de Campo para las aves de Magallanes*. Ins. de la Patagonia, Punta Arenas, Chile

VUILLEMIER, F.
1985, *Forest Birds of Patagonia: Ecological Geography, Speciation, Endemism & Faunal History*. Neotropical Ornithology, N∞ 36 p. 255 a 304
1994, Nesting, Behavior, *Distribution & Speciation of Patagonian Andean Ground Tyrant* (Myiotheretes, Xolmis, Neoxolmis, Agriornis & Muscisaxicola). American Museum of Natural History, New York

YORIO, P., E. FRERE, P. GANDINI Y G. HARRIS.
1998, *Atlas de la distribución reproductiva de aves marinas en el Litoral Patagónico Argentino*. Fund. Patag. Natural, Pto. Madryn

INDICE

(Las especies alguna vez citadas para la Patagonia y no tratadas en esta obra, figuran en la lista de la página 111)

127